U0035113

戴東清

破繭而出

開啟新生命的
五個途徑

活出生命的意義

　　我很感動戴東清教授寫了這本書，說實在的副標比較吸引我，花了一天的時間一口氣把它讀完了。書裏的論述都是與自己在日常生活中有關的，也會碰到的，戴教授提供了很棒的剖析，讓讀者可以有正確的選擇，特別是他用了聖經的經文來幫助讀者：在個人的獨特上——上帝造人都是獨特的，都有祂給予的恩賜（天賦）沒有一個是垃圾，戴教授舉美國前國務卿萊斯的例子超讚的。在理順生活的優先順位——書中提到將上帝擺在第一位，生活的優先秩序不容易混亂，這是我很認同的，因為曾經有混亂過。在開啟家庭幸福的密

碼—我覺得凡是想結婚的或是已婚的,都必須要讀此章,太經典了,將夫妻相處之道的祕訣,說的十分清楚,相信作者一定是過來人,照著做家庭一定幸福美滿。在人際關係中勝出——在現代的現實社會中誰不是爭強鬥狠的踩著人往前走,可是戴教授確提出要我們看別人比自己強,不求自己的利益…這是何等的難阿!但卻是何等的重要,做到了這世界就和平了。在作管理人中的佼佼者——敬畏耶和華是智慧的開端,認識至聖者便是聰明。我想人再怎麼厲害,再怎麼聰明都勝不過造物的主宰吧!期盼藉此書來幫助我們活出生命的意義,這是一本值得閱讀的好書。

陳靜游

行道會台北榮耀堂牧師

美國美南浸信會神學院教育碩士

自序

命理師未說明的事

　　舉凡是華人都還蠻喜歡算命的，遇到任何不確定的事情，包括考試、求職、嫁娶、入厝、生育、喪葬事宜，或者遇到擔心的事，都希望命理師能夠指點迷津。若是喜歡算命的人，聽了命理師的建議，進而在人生的路上找到了方向，倒也不能完全否定命理師的功能。不過，命理師是否真的能夠滿足每個人的發展需求呢？遇到挑戰除了詢問命理師以外，還有沒有其他更好的選擇呢？

　　聖經經文：「我的肺腑是你所造的，我在母腹中，你已覆庇我」（詩篇139：13）、「我未成形的體質，你的眼早已看

見了；你所定的日子，我尚未度一日，你都寫在你的冊上了」（詩篇139：16）由此可見，不論我們是否認識上帝，進而相信祂，其實早在我們來到這世上之前，上帝就已經知道了我們，而且在祂的生命冊上有了記錄。因此當我們遇到難以抉擇的時候，除了問命理師的那一種選擇之外，還有另外一種選擇，就是可以問一問已經把我們寫在祂生命冊上的上帝，到底我們如何選擇，才能避免走許多冤枉路呢？

記得曾經有人說過：人生的劇本早已寫好，只是不能事先偷看。這就意味著，要瞭解人生劇本豈非十分的困難。本書就是希望能夠藉由提供些許不成熟的意見，幫助那些希望想要找到人生劇本的方向，而且是幸福劇本方向的人們，可以藉此發現他們未來發展的道路，進而能夠度過一種不一樣的人生。

或許有人會有疑問，上帝不是外國的神嗎？為什麼台灣人要信仰外國的神呢？實際上古代中國的皇帝自稱為天子，天翻譯成為英文就God，也就是神或上帝的意思。所以上帝不是外國的神，而是人類共同的神。更何況華人與以色列人，是世界上少數僅存還在使用不是以太陽，而是以月亮運轉變化為中心之陰曆的民族。此外，過去的以色列人在過逾越節時，會將羔羊的血塗在大門的左右兩邊與門楣上，以避免遭到擊殺，與華人在過年時在大門的左右兩邊與門楣貼上春聯以祈福，是何等的類似，系出同源的可能性大，更說明上帝不是外國的神。

要特別感謝陳牧師為本書寫序推薦，為本書增色不少；也謝謝本書編輯千惠在編務方面的協助。另外本書在出版的過程中，受到許多朋友的幫助與代禱，在此

不一一點名致謝，謝謝你們在此過程的支持。也期望這本書的出版，能夠帶給那些正在尋找生命出口的人士一點幫助。只要明白我們來到這個世界的目的與使命，就會發現人生其實充滿了許多可能，千萬不要因為一時的挫敗就敗下陣來，而是將之視為成功的墊腳石，期待破繭而出。

（一）

每個人都是獨特的

　　全球現在有超過70餘億人口，並以每秒增加3人的速度快速增加中。台灣人口跟許多國家比起來雖然不算多，但是也有2300多萬，在如此多人口的情況下，競爭是難免的事。尤其是全球化的時代，台灣人不僅僅是跟台灣人自己競爭而已，而且要和台灣以外的人競爭。因此，每當政府宣佈開放政策時，特別是對同文同種的中國大陸開放時，台灣社會就會瀰漫一股不安的氣氛，擔心大陸人會來台搶台灣人的工作，太陽花學運的發生，不就是因為如此嗎？只是台灣經濟是以對外貿易為主要成長驅動力，對外開放是必然的趨勢，

否則台灣就不需要加入世界貿易組織。面對愈來愈激烈的全球化競爭，只有擔心而沒有因應策略，是無濟於事的。問題是如何找到具競爭性的利基，使自己能夠在競爭愈來愈激烈的環境中立於不敗之地，相信是所有生活在這塊土地上的人們現在及未來都非常關心的事。

（一）在高度競爭中站立得穩

「各人領受神的恩賜，一個是這樣，一個是那樣」（哥林多前書7：7）

命理師也許在人生的某個關口中可以指點迷津，可是人們所面對的激烈職場競爭，卻是出社會後直到退休前長時期的挑戰，總不能每次遇到難題，都要去找命理師幫忙。萬一他們剛好都很忙，沒有空理你，怎麼辦？與其處處或時時倚靠別人，

倒不如找到自己最擅長發揮的部分，如此就不會因為外在環境的變化而受到影響。問題又來了，如何能夠找到自己擅長的部分？

每個人都領受特殊恩賜（天賦）

台灣的學生由於因為父母受到「萬般皆下品、唯有讀書高」觀念的影響，在不敢違逆父母意思下，總是照著父母的期望，從小學、國中、高中、大學、甚至出國留學，這樣一路唸下來，往往不知道自己的興趣是什麼，唸到大學還不知道自己為什麼要上大學。儘管現在考不上大學比考上大學還難，讀大學其實有更多元的選擇，但是許多莘莘學子在選填志願時，還是看現在那些科系熱門，畢業以後比較容易找到工作，然後按照分數高低從公立到私立的排名一路排下來，沒有去思索該科

系的課程內容是否適合自己未來的發展旨趣。只要學業成績不佳，就因此否定了自己的價值。

晚近更有許多父母為了不讓孩子輸在起跑點上，讓孩子在衝刺學業之餘，利用時間去學習各項才藝，也不管那些才藝是否合乎孩子的興趣。其實每個人的聰明才智大同小異，只要努力就會有成果出現，但是如果想要出類拔萃，恐怕就必須有要特殊的條件。美國前國務卿萊斯（Condoleezza Rice）就曾表示，小時候曾經想要成為鋼琴家，可是不管她怎麼努力，花多久時間練習，每次參加競賽時就只能拿到第三名，總是贏不過那位拿第一名的同年齡孩子。

等到萊斯長大後就決定放棄音樂夢，在學術研究上找到了自己的興趣，成為美國數一數二的俄羅斯問題專家。也因

為學術上的成就讓她成為美國西岸名校史丹福大學的副校長。在美國小布希總統當選後被延攬成為美國國務卿。小布希有次在聯合國開會時，可能怕中途離席失禮，特別遞字條問萊斯，他可以去上廁所嗎？字條被採訪記者拍個正著。身為全球最有權力的美國總統，上個廁所都要問她的意見，其重要性不言可喻！可是若她繼續執著朝著音樂夢想前進，或許也會有不錯的表現，但是應該不會成為頂尖人士。

找出本身恩賜具關鍵性

萊斯的故事告訴我們，找到自己的天賦與恩賜十分重要，一旦找到了之後，努力地去經營它，就會有事半功倍的效果，自然就能夠有卓越的表現，也因此無需過度擔心激烈的競爭。或許我們會有

疑問，每個人真的都有獨特的恩賜嗎？自己明明看起來平庸無比，甚至可能是上帝無意間在打盹時的創造物，怎麼可能會有獨特的恩賜呢？然而聖經告訴我們：「各人領受神的恩賜，一個是這樣，一個是那樣」（哥林多前書7：7）。換言之，每個人都有領受從神而來的恩賜，關鍵在於我們是否明白。「天生我材必有用」這句話，能夠留傳至今，就代表它仍然具有當代的時代意義，否則前人曾說過那麼多些話，為何只要部分被我們記得呢？

另外一個鮮明的例子就是台裔服裝設計師吳季剛。據聞小時候在許多小男生還在迷機器人、玩具汽車的時候，他就非常喜歡把玩芭比娃娃。若是按照一般父母的想法，一定會覺得這個兒子有問題，甚至把他毒打一頓。然而吳季剛的母親不但沒

有如此做，反而很敏銳地查覺到，她的兒子有獨特的天賦，心想未來若是兒子要在國際服裝界闖出名號，勢必要能夠在巴黎時裝界立足，於是就讓吳季剛從小開始學法語。若不是當初吳季剛的恩賜或天賦被發掘，又怎麼有機會能夠成為世界知名服裝設計師。

亞洲流行音樂天王周杰倫，高中聯考總分只有100多分，沒有什麼像樣的高中可以念，前途看似一片黯淡，所幸當時淡江中學有招考音樂班，否則他要如何自處。即使上了淡江中學，並不代表從此前途有較為順遂。他如老師預測一般沒考上大學，在等服兵役期間，又得了僵直性脊椎炎，彷彿他就是不幸的代名詞。在餐廳打工，因為餐廳琴師請假沒來，意外有機會成為琴師，但參加「超猛新人王」落選。他的媽媽請綜藝天王吳宗憲幫忙，但

寫的歌沒人要唱。吳宗憲為了幫他，請他在10天之內寫出50首歌，若是可以從其中挑出10首，就答應為他出片。後來其中的10首被用來出同名專輯《杰倫》，市場反應大好，周杰倫也奪得當年金曲獎最佳流行音樂演唱專輯等三項大獎。若不是周杰倫發揮了恩賜，會有今天的亞洲流行音樂天王嗎？此外，還有許多如世界麵包冠軍得主吳寶春等台灣之光的故事，不都在告訴我們「萬般非下品、讀書不見高」嗎？

　　當然我們不容易找到恩賜，與我們現行的教育制度有關。不管我們的教育制度經過了多少改革，沒有太大變動的，仍然是智育的分數決定很大一部分的結果。雖然現在學校有體育班、音樂班或者其他類別的資優班，到了某種升學的轉捩點上，家長關心的仍然是孩子能否上好高中、好

大學。也正因為教育仍然以分數掛帥,分數以外的表現,就容易被人忽略。畢竟會考或特招與學測或指考成績不佳,要上一流的學校不是那麼容易。然而上了一流的高中與大學,就代表人生成功了嗎?那倒也未必,有不少好不容易打敗了將近99%的國中畢業生,進入一流高中的學生,因為受不了課業的壓力或者感情挫折,選擇走上了提早自行結束生命的道路,他們曾經如此有競爭力,可是為何卻是以此種眾人都不樂見的方式,在競爭路上敗下陣來呢?

不是只有一流的高中生以自絕方式離開競爭的道路,一流大學生也不遑多讓,也同樣因為課業、情感及情緒問題,選擇以自我了斷方式提早離開人生舞台,留下許多遺憾給家人。他們沒有競爭力嗎?如果沒有競爭力怎麼能夠甄選上或

考上所謂的一流大學呢？可是為何在人生尚得開始時就選擇結束呢？難道不是因為不明白自己的恩賜為何，以致於在遭遇到人生的困境時，突然不知道怎麼走下去，只好選擇用自絕的方式來離開。至於一流大學的畢業生呢？他們畢業以後，有發展得比別人更好嗎？現在台灣在檯面上的政治人物，不都是一流大學的畢業生嗎？台灣百姓對於他們把國家治理成這樣的抱怨，何曾少過呢？由此可知，要在高度競爭的情況下能夠站立不穩，不明白自己的恩賜為何，恐難克竟其功。甚至會開始懷疑自己的價值，以致於抱怨為何別人都是「不才而遇」，自己卻始終「懷才不遇」呢？

或許人們會覺得要找到自己的恩賜或天賦非常困難，尤其是對於後段班的學生而言，簡直就是難如登天，因為從小到

大就很少被讚美過,又怎麼會知道自己擅長什麼。一個簡單的方法,就是將一週的生活作息按照小時作成紀錄,扣除吃飯與睡覺的時間,(也許要把打電動也列進去,除非你想成為電玩遊戲設計者)看看自己在做那些事時最快樂,最不會覺得累,或許就能從中找出自己的恩賜。若是覺得一週不夠,用一個月的時間紀錄也行,就是要幫助自己探索出來,因為自己的感覺自己實際上最清楚,只要願意就可以。當然若是你不會花很多時間就能學會的技藝,也可能是你的恩賜或是天賦,否則不會如此容易上手。當找到恩賜之後,等於就是成功開啟破繭而出的密碼。

（二）只要唯一、不要第一

「我未成形的體質，你的眼早已看見了；你所定的日子，我尚未度一日，你都寫在你的冊上了。」（詩篇139：16）

在台灣成長的孩子，多多少少都有共同的經驗，就是為得到那第一名在卯足全力。甚至有部分孩子，在寫我的志願的作文時，將當總統當成未來的志願。就曾經聽過一個故事，有位奶奶得知孫子的志願是當總統，非常地開心，見到左右鄰舍就跟他們說，我的孫子將來要當總統。不過，第一名只有一個，一國的總統也只有一位，若是大部分人的人都想要去爭那第一，試問有多少人要因此失望呢？莫非上帝在世界上造那麼多人，就是為了要讓他們來到世界上失望嗎？

第一名不會讓人高枕無憂

如果一班有50個人，每個人都想得第一名，則每次考試或者計算學期總成績時，注定有49個人會失望。更遑論如果將目標定在全年級第一，全校第一，則失望的人也就更多了。不過，即使得了第一名，就代表從此就高枕無憂了嗎？就代表人生從此一帆風順了嗎？那倒也未必，第一名因為要隨時要提防第二名迎頭趕上，所以必須隨時處於備戰狀態，精神緊繃的程度可想而知。更何況學業成績從來就不代表一切，若是為了拼第一，而犧牲了與家人及同學更多的相處時間，以及犧牲生命探索與生活體驗的時間，值得嗎？

同樣地，將來畢業後進入職場，也把業績衝向第一名當成目標，亦會因此犧牲了與家人相處的時間，與同事之間的關

係也可能處於高度競爭與緊張狀態，正可謂是「一將功成萬骨枯」。然而我們不免要問，我們的人生除了工作要博取第一以外，就沒有其他更值得關注的事了嗎？當然這不代表人不需要努力，努力仍有其必要性，但是更重要的是維持工作與生活的平衡，不能因為為了追求工作上的第一，而讓生活失去應有的平衡。

　　台灣以製造自行車聞名全世界的「巨大機械」公司，董事長劉金標就曾對外表示，該公司就是以「只要唯一、不要第一」為公司發展目標，因為第一名很快就會被第二名趕過去，但是若是唯一，就不會有被趕過去的問題。舉例而言，豐田汽車曾高居世界汽車市場佔有率第一名，不過2009年至2010年陸續爆發腳踏墊設計有瑕疵、油門卡阻、防鎖死煞車系統有延遲啟動、電動車窗開關可能冒煙起火車

窗開關等問題，在全球大規模召回共逾1000萬輛車，重創豐田長久以來建立的安全汽車形象，也讓出全球汽車市場市佔率第一名的寶座。

凸顯本身獨一無二的特色

由此可見，若是本身沒有獨一無二的特色，要維持第一名有多麼不容易。同樣地，以筆記型電腦全球市場佔有率而言，美國惠普（HP）曾高居全球第一名好長一段時間，自2013年起第一名就被中國大陸的聯想電腦佔據了。曾經與貧窮落後劃上等號的中國大陸，居然出現有一家公司，在被稱為科技業的筆記型電腦市佔率得到第一名。這不就說明若是本身沒有容易被取代的特色，即使是第一名，也會被趕過去；更遑論全球客機市場的市佔率，第一名與第二名是由美國波音公司與法國

空中巴輪流來當。

「我未成形的體質，你的眼早已看見了」，就在告訴我們每個人在出生前都已經被注定是獨特的，就如同每個人的指紋都不一樣，千萬不能因為按照世界的標準，在比較中忘記自己的獨特性。實際上每個人都像是拼圖中的那一塊，不管你再厲害，也只是拼圖中的一塊；相對的，即使在別人的眼中，你多麼不起眼，也是拼圖中的一塊，一旦缺少了，拼圖就會有缺陷，又豈能看輕自己。君不見每個人一天都只有24小時嗎？再厲害的人也無法像好萊塢電影「鐘點戰」（In Time）一樣，比別人有更多的時間。更何況不論你的信仰如何，所有人類都是全能的上帝所造，全能上帝豈會亂造一通呢？

在缺陷中看見神蹟

　　澳洲有位一出生沒有四肢、只有俗稱小雞腿的「海豹肢症」患者，名叫力克・胡哲（Nick Vujicic）。力克・胡哲在他個人傳記「人生不設限」乙書中寫到，當他出生因為模樣太奇怪時，他的父親看到兒子這個樣子，嚇了一大跳，甚至忍不住跑到醫院產房外嘔吐；他的母親也無法接受這一殘酷的事實，直到力克・胡哲4個月大才敢抱他。他在8歲時非常消沉，曾衝向媽媽大喊，告訴她他想死；10歲時的有一天，他試圖把自己溺死在浴缸裡，但他腦海裡突然閃過自己的雙親及弟妹哭泣的樣子，他把頭抬起來心想不能讓愛我的家人這麼傷心難過，讓他打消了這個念頭；直到13歲那年受到啟發，決定把幫助他人作為人生目標。

力克‧胡哲從17歲起開始演講，向人們介紹自己不屈服於命運的經歷。21歲時大學畢業，取得會計和財務規劃雙學位，並創設自己的公司與「沒有四肢的人生」非營利組織，實行創意行善；迄至2014年6月已在五大洲、超過25個國家，舉辦了1500多場演講，給予（接受）數百萬個擁抱，自稱「擁抱機器」。更奇妙的是，有次他到美國演講，他遇到了一位也跟他一樣是海豹肢症的小男孩，這男孩才19個月大，但力克從他天真無邪的笑容中看到過去的自己，還不了解自己得了什麼病，依然活潑的笑著，而未來還有許多困難等著他，立刻決定幫助這男孩並輔導他們家人該怎麼照顧這孩子。若不是上帝的計畫，天底下怎麼會有這麼巧的事。

據英國媒體報導，巴西有一名37歲男子奧利維拉（Claudio Vieira de

Oliveira）天生患有一種罕見的疾病，使其四肢關節嚴重變形，雙腿、胳膊、手都無法正常使用，而且頭頸顛倒，脖子大幅度往後彎，幾乎緊貼背部，台灣媒體稱之為「倒頭哥」。報導提到，奧利維拉出生時，醫務人員甚至告訴他的母親，乾脆讓他餓死算了，以免除往後的麻煩；然而，奧利維拉並未被這些外在條件打倒，從小開始訓練自己「獨立」，不依賴他人，並且樂於讓自己身處忙碌之中，不因天生的「殘疾」荒廢度日；一般人視為輕而易舉的動作，例如開電視、收音機、電腦、拿手機等，對奧利維拉而言，都極其不容易，但最後他都成功克服困難，如今他也能自己獨立完成這些動作。報導最後指出，儘管當初不被眾人看好，不過現在奧利維拉靠自己的努力與堅持，已是一名專業的會計師兼演說家，用自己的故事激勵

許多人。奧利維拉與力克・胡哲的故事，都讓人們看到人生有無限的可能。

在聖經約翰福音中有這麼一段故事：「耶穌過去的時候，看見一個人生來是瞎眼的。門徒問耶穌說：『拉比（即老師），這人生來是瞎眼的，是誰犯了罪？是這人呢，是他父母呢？』耶穌回答說：『也不是這人犯了罪，也不是他父母犯了罪，是要在他身上顯出神的作為來。』」（約翰福音9：1-4）這段故事彷彿是是力克・胡哲與奧利維拉人生經歷的最佳寫照。或許當初力克・胡哲與奧利維拉及其父母不明白，為何如此不幸的事情會發生在他身上，是因為誰犯了罪嗎？等到力克・胡哲與奧利維拉到全世界各地演講，讓眾多聽演講的人有機會得到幫助，甚至生命因此得以改變，難道不是上帝對力克・胡哲與奧利維拉的特殊計畫嗎？

同樣地，在台灣若是根據一般人的眼光，看到有不幸的事情發生，也會將它歸咎於是某人犯了罪，不是發生不幸之人的本身，就是他的父母，而不會認為那是上帝特殊的計畫。實際上上帝對每個人都有特殊的計畫，我們愈早明白就愈能夠發掘自己的獨特性，也就愈不容易在被拿來與人比較的過程中迷失自己。當然這不是件容易的事，就如同力克‧胡哲也曾經想要自我了斷一般，但是只要願意用心去探索，相信每個人都可找到自己的獨特性，也可以找到足以發揮的舞台。

幾年前管理學界曾經非常流行一本書「藍海戰略」，相對於血流成河之完全競爭市場的紅海，作者認為產業可以注入新的元素而開拓新的藍海市場。既然每個人都可以有機會去經營藍海市場，又何必汲汲於投入紅海市場呢？日本有位護士詢問

許多即將過世人這輩子最後悔的五件事，其中一件是「我希望我能過屬於自己的人生」。以「只要唯一、不要第一」態度工作與生活，才可以找到永續經營的市場與舞台，也才有機會過不後悔的人生。

理順生活的優先順位

有道是「急事緩辦、緩事急辦」，這就說明次序的重要性。任何人的時間與能力都十分有限，難以在短期間內將所有的想完成或交辦的事情都完成。因此如何在有限的時間內，理出各項事務的優先順位，以利發揮最大的生活與工作成效，是人們迫切需要學習的功課。這樣的優先順位，恐是命理師無法告訴你的。

（一）把神擺在第一位

「你若聽從耶和華—你神的誡命，就是我今日所吩咐你的，謹守遵行，不偏左

右，也不隨從事奉別神，耶和華就必使你作首不作尾，但居上不居下。」（申命記28：13）

當我們進入職場之後，總是希望能夠經過幾年的努力，不僅讓自己的專業能力能有所增長，職位也可以因此水漲船高。專業能力與職位的升高，代表所得也會增加，也會讓人們的物質生活得以提昇，進而也意味著某種成就感的實現。不過，接下來面臨的問題就是，然後呢？有位美國知名的心理學家馬斯洛（Abraham Maslow）將人類的需求分成五個層次，分別為生理需求、安全需求、社會需求、尊重需求、自我實現需求。前二種需求較偏向物質層面，後三項則屬於精神層面。換言之，當人們的物質層面需求尚未得到充分滿足的時候，不會太著重精神層面的問題，一旦物質層面被滿足後，就會著重

尋求精神層面的滿足。自我實現是人類需求的最高級，只是當人們完成自我實現的最高級需求之後呢？

有許多名人在坐擁名利之後，可說已經完成了自我實現的需求，理應從此過著幸福快樂的日子，然而他們的人生劇本似乎不是這麼寫的。全球搖滾巨星、被視為流行音樂之父的麥克傑克森（Michael Jackson），出生於一個非洲裔的美國工人階層家庭，是10個孩子中的第8個，可以想像他小時候一定過得非常辛苦。不過經過麥克傑克森不斷地努力，他逐漸在流行音樂闖出名號，1982發行的「戰慄」《Thriller》，不僅成為美國有史以來銷量最高的專輯，也是全球銷量最高的專輯，據估計銷量達到6500萬張。

警惕自我實現後的考驗

　　然而正當麥克傑克森完成了自我實現之後，隨之而來的不是更多的成就，而出現包括外觀變化、個人關係以及個人行為等重大的爭議。另外，根據相關媒體報導，在90年代中期，他受到性侵害兒童案件的指控，儘管最終以大約2500萬美元的金額庭外和解，沒有正式被起訴，但是性侵兒童的指控並未停止；2005年他受到七項性侵犯兒童以及其他兩項指控，雖然法院裁定其所有罪名均不成立，不過他的生活可謂乏善可陳；2009年當麥克傑克森正為復出演唱會「就是這樣」（This Is It）準備時，因急性藥物中毒導致心臟驟停，在醫生搶救無效後離開人世，再也沒有東山再起的機會。

麥克傑克森的故事告訴人們，自我實現之後，若沒有找到新的方向，反而就此會產生迷失，不知道人生下一步要怎麼走？不是只有麥克傑克森如此，世界有許多短期內快速成名的運動員、演藝人員或政治人物，在功成名就，也可以說是完成自我實現之後，就開始吸毒或放浪形骸，有些痛改前非重新回到工作舞台，更多的從此一蹶不振，再以無法回到原來可以發揮的舞台。美國知名高爾夫選手、前世界球王老虎伍茲不也是一個鮮明的負面例子嗎？自從與瑞典籍的妻子離婚後，大小傷不斷，再也無法重返顛峰。美國歷任總統與政治家族的風流史，難道有少過嗎？

曾經在台灣演藝界竄紅的大炳，甚至是少數能到美國好萊塢參與電影演出者，也是因為多次染毒的關係，不僅葬送

了自己的演藝生命，最後連自己年輕的生命也葬送了。就在寫本章的時候，傳來台港兩位年輕知名影星柯震東與房祖名涉嫌吸毒的消息，怎麼不令人感到唏噓呢！他們原本都有美好的前程，也可以繼續在演藝不斷地超越顛峰，可是卻因為涉毒，從此演藝生命中斷，未來能否東山再起尚不可知。他們的例子，也再次說明自我實現之後，若是不能夠有明確的指引，隨之而來的不是更多的成就，而是迷失。那麼多的例子在眼前，人們又豈能不心生警惕呢！

台灣前陣子出現許多假油、假有機、塑化劑超標等影響食品安全的重大事件，出事的這些公司都是小公司嗎？當然不是。若是那些公司願意好好經營，也許不會像出事前賺那麼多，但是總是可以永續經營下去，而不是在出事後，公司必

須從此結束營業。如果可以重新來過，不知道他們會如何選擇？更遑論台灣有許多大公司，在公司成長至一定規模之後，不但不好好思考未來的下一步，反而開始用投機方式做無本生意，其中有不少主其事者，現在還必須因為公司出事後流亡海外，這難道是他們真的想要的嗎？由此可見，自我實現之後呢？反而是真正的考驗開始，一旦把持不住，就容易從此沉淪。

信仰指引人生新方向

台裔美籍在美國職籃聯盟（NBA）打籃球的林書豪，原本擔心被球隊釋出而從此必須從NBA離開的他，後來意外地被紐約尼克隊選走。在紐約尼克隊期間，因為先發隊員受傷或家中有事無法先發，使得教練在沒有其他選擇的情況下，只能「死

馬當活馬醫」請林書豪先發。他在球隊連勝了十幾場之後，受到世界體壇廣泛地關注，因此也開啟了聞名全球的「林來瘋」（Linsanity）時代。一個新創的英文單字，是以你的名字命名，還有什麼比這種自我實現更好呢？

然而光鮮亮麗的背後，往往藏著不為人知的辛酸故事。若非因為在家自殺的原因被媒體披露，外界又怎麼知道，原來經常帶給別人歡樂的美國喜劇演員羅賓威廉斯（Robin Williams），近年其實深受憂鬱症與帕金森症的折磨，怎麼不令人感到唏噓呢？同樣地，林書豪來台灣演講時提到，「林來瘋」時期反而是他感到最迷惑的期間，因為他不確定這是不是他想要的？未來的日子要如何過才能讓他感到更有意義呢？難道未來就是賺很多錢，然後結婚、生子，並且好好教導孩子讓他們也

可以進入他曾讀過的哈佛大學，為未來賺錢打好基礎如此而已嗎？然後呢？如此一再地循環過著同樣日子的意義在那裡呢？林書豪生命故事的分享，再次告訴我們，「自我實現」不是人生需求的最高層次，否則到達那最高層次之後就會開始墜落。

林書豪的信仰幫助他明白，自我實現不是最高層次，而是如何在上帝指引下，讓更多人得到幫助，才會讓生命顯得更有意義，「施比受更有福」，不是嗎？可惜的是，日前傳出在北京涉嫌吸毒的柯震東，在林書豪來台分享生命見證的當時，也坐在台下聽講，媒體還特別給了他一個特寫鏡頭。若是他當時能夠將他所聽到林書豪的生命見證，應用在生活與工作當中，應該就不會在大陸演藝事業火紅之際，因為涉嫌吸毒而中斷。由此可知，把

神擺在第一位，才能讓我們的生活順序不被打亂。

台灣有句話說：「人在做天在看」，天實際上指的就是神或上帝（God），古代中國的皇帝稱為天子，實際上就是神或上帝之子，與西方中古世紀的國王是「君權神授」的概念相通，內中存在對神的敬畏，知道不可隨己意而妄為，以免遭天譴。然而人們自以為科技發達了，就認為可以「人定勝天」了，於是開始偏行己路。不過大自然的反撲力道是難以想像，人們對於氣候極端化問題有任何解決之良方嗎？對於什麼時候地震、海嘯要來，有什麼預測的能力嗎？明白乎此，又怎麼能不對神有所敬畏呢？又怎麼能任意妄為呢？

前述申命記的經文明白告訴人們，「你若聽從耶和華──你神的誡命，就是我

今日所吩咐你的，謹守遵行，不偏左右，也不隨從事奉別神，耶和華就必使你作首不作尾，但居上不居下。」人們都希望「作首不作尾，但居上不居下」，但是卻用了錯誤的方法，即使暫時可以達到某種位階，卻很可能因為順序失衡，以致於從高位上跌落下來，人們對此又豈能不有所警惕呢？聖經馬太福音6：33提到「你們要先求祂的國和祂的義，這些東西都要加給你們了。」既然神已經作出承諾，人又有什麼好擔心的呢？

（二）降低工作的位階

「我知道怎樣處卑賤，也知道怎樣處豐富，或飽足或飢餓，或有餘或缺乏，隨事隨在，我都得了祕訣。」（腓立比書4：12）

曾經聽過美國矽谷的一位華裔工程師表示，他從台灣的大學畢業後、到美國留學，拿到學位後在美國矽谷工作，每天早出晚歸，出門時小孩還沒睡醒，回家時他們已經睡了，假日也經常加班沒空陪孩子們玩。就在事業有成的某一天早晨突然發現自己孩子已經很大了，可是他完全沒有參與他們的成長，為此感到後悔與不捨。然而時間失去了也就失去了，過去沒有參與孩子們成長的歲月，再也回不來了，後悔也來不及了。等到孩子大了，自然就會離開家，雙方互動的機會就少了，關係疏離順理成章，屆時即使有再多的財富又如何？能夠彌補失去的時間嗎？

工作不代表一切

台灣著名的電子公司奇美電子，未被

合併前在美國銷售面版，疑似與幾家台、韓面版廠商聯合壟斷價格，經美國聯邦法院裁定違反「反托拉斯法」。在美國違反「反托拉斯法」，是相當嚴重的刑罰，除了必須負擔高額罰金外，相關負責人也必須坐牢，奇美電子前總理何昭陽因此就在美國服刑一年多。何昭陽出獄後接受訪問時表示，服刑給他最大的收穫，就是體悟到「真正的成功是家庭幸福」，大家在一起，充滿愛的感覺，才是幸福。若我們同意這樣的標準，還會把工作的位階擺得這麼高嗎？

人們努力工作的目的為何呢？難道不是為了讓家庭可以更加幸福嗎？然而許多人都忘記了，以為豐富的物質條件就是家庭幸福的根本，可是事實真是如此嗎？就以小孩子為例，有人陪他玩比吃好、穿好、住好，更會讓他感到幸福，父母親如

果為了讓孩子能夠吃好、穿好、住好，以致於把大部分的時間都花在工作上，連陪孩子的時間玩樂的都沒有，如此豈不與當初想要讓孩子幸福的初衷相違背！不論是把孩子丟給保姆或者長輩來照顧，都是種本末倒置的作為，然而人們卻愈來愈傾向如此做。

尤其是有不少結了婚了男士，以為將工作的薪資所得如數交給妻子，就會讓妻子感到愛，感到幸福，殊不知妻子有時更需要的是陪伴。美國蓋瑞・巧門（Gary D Chapman）寫了乙本書「五種愛的語言：永續愛的秘密」（The 5 Love Languages： The Secret to Love That Lasts，台灣翻譯為「愛之語」）。五種愛的語言，分別為肯定的言語、贈送禮物、黃金時間、身體的接觸及服務的行動。其中「黃金時間」就是花時間陪另一

伴找個安靜的地方談心，或者是陪對方逛街，一起做對方喜歡做的活動。若是妻子的愛之語是「黃金時間」，偏偏先生完全把時間投入在工作方面，試問如此妻子又怎麼會感受到被愛，會感受到幸福呢？

工作的目的是家庭幸福

或許做丈夫的會覺得委屈，如此拼命工作，不就是為了讓家人過更好的生活嗎？然而若只專注於滿足家人物質方面的需求，而忽略精神方面的需求，相信家人還是會覺得孤單與不受重視，畢竟按照馬斯洛的說法，在生理需求與安全需求得到滿足後，是希望能夠在社會需求、尊重需求方面也得到滿足。更何況物質生活若沒有精神層面的指引，將很難得到滿足。就以住房為例，在租房子期間，心想只要有

自己的房子住就滿意了；不過那天有了自己的房子，可能又會覺得房子不夠大或交通不方便，就會設法去買夠大且交通方便的房子，甚至會想要住豪宅，什麼時候換房子的欲求才會停止呢？若是沒有正確的心理建設，要停止談何容易！更何況為了買較大的房子而背一輩子的房貸，值得嗎？

同樣地，在騎機車的時候，心想只要有可以遮風避雨的國產小型車就感到滿意了；等到有國產小型車以後，又會覺得車子太小，不論載人或載東西都不方便，於是又會想要換大一點、跑起來穩一點的車子，最好是能夠凸顯自己身分地位的進口雙B轎車，究竟什麼時候換車的欲望才能有滿足的時候呢？既然把物質生活看得如此重要，自然而然就要將更多的時間投注在工作上來換取，甚至要犧牲自己的建

康，陪家人的時間自然就會愈來愈減少。此種除了工作而缺乏與家人互動的生活，真的令人嚮往的嗎？降低工作位階的必要性，還不明顯嗎？

　　或許會有人認為，不投入更多時間在工作上，一方面可能得不到老闆的賞賜，另方面也可能因此升遷不易而導致收入減少。只是上述經文在告訴人們，任何人都可以「怎樣處卑賤，也知道怎樣處豐富，或飽足或飢餓，或有餘或缺乏，隨事隨在，都得了秘訣。」實際上只要與神建立良好的關係，有正確信仰的指引，就會明白如何突破環境的限制，而能夠「隨事隨在，都得了祕訣」。明白乎此，人們還需要花那麼多的時間在工作上嗎？最近媒體報導，德國國會正在思考立法，讓老闆不能在下班時間再利用各種通訊工具交待員工工作。儘管未來德國的立法未必成功，

台灣的立法也未必會跟進，但是已經在說明一件事，即人們是應該花更多的時間與家人相處上。

曾經有人說過，愛情固然無法取代麵包，但是卻可以讓麵包更有香味，增加幸福感。以現在的社會分工，只要願意工作，要得到麵包又豈是難事！然而若是把大部分的時間都投注在得到麵包上，卻忘記要在增加麵包的香味上努力，再多的麵包只會讓人感到更乏味而已，而不會增加幸福感。若沒有對的人在身邊，試問天天吃美食、開好車、住豪宅的意義在那裡呢？因此降低工作的位階，將花時間與家人相處的位階提高，相信會讓生活過得更幸福，生命也更加有意義。

前述日本有位護士詢問許多即將過世人這輩子最後悔的五件事，除了「我希望我能過屬於自己的人生」外，另外二件就

是「我希望我不要這麼努力工作」、「我希望我能多跟家人、朋友以及重要的人聯絡」，如何過一個不再後悔之人生的答案，不是已經非常清楚了嗎？

開啟家庭幸福的密碼

應該沒有人不希望擁有幸福的家庭，但是幸福家庭不會從天上掉下來，也不會因為男女組成家庭後就自動來到，而是需要花時間經營。換言之，在經營婚姻上花愈多時間學習，就愈能掌握住幸福家庭的密碼。命理師或許可以告訴人們其婚姻現狀如何，至於如何增進家庭幸福，恐是他們力有未逮之事。

（一）男人要善待自己的肋骨

「耶和華神說、那人獨居不好、我要為他造一個配偶幫助他」（創世紀2：

18）、「耶和華神使他沉睡、他就睡了．於是取下他的一條肋骨、又把肉合起來。耶和華神就用那人身上所取的肋骨、造成一個女人、領他到那人跟前。」（創世紀2：21-22）

女人是男人的肋骨

或許看到這節的標題，有些男人會覺得為什麼是男人要好好地對待女人，女人就不用如此嗎？如此訂標題一定有個中的道理，讓我們繼續看下去。曹雪芹在紅樓夢中寫到：「女人是水做的，男人是泥做的。」若按照聖經創世紀2：7的記載：「耶和華神用地上的塵土造人，將生氣吹在他鼻孔裡，他就成了有靈的活人，名叫亞當。」由此可知，男人是泥做的，的確是有根據，不過女人按照聖經的角度而言，就不是水做的，而是男人的肋骨做

的。女人固然有柔情似水的一面，但是更有堅毅的一面，否則就不會有「女為弱者、為母則強」的說法。因此，撇開聖經的真理不談，女人是男人的肋骨做，比是用水做的更加合理。

既然女人是男人的肋骨做的，意味著不論雙方分隔有多遠，有一天肋骨都會回到身體裡面，所以「一見鍾情」就不是神話，而是在很早以前就已經注定了。因此，若是雙方不合必須分手，這就代表不是「天作之合」，盡可能地好聚好散，因為你的肋骨或者你的身體正在他處等著與你會合，如此情侶之間也就不會因為不想分手或者分手得不甘心而想要置對方於死地。若是每個男女都懂得這個道理，還會有情殺事件發生嗎？

試想全世界有70多億人口，兩個人要相遇、相知、相惜，進而結為連理，是

多麼不容易的一件事，若非神的配合，豈有如此的巧合？即使是全台灣2300萬人口，兩個人要相遇、相戀，進而步向禮堂，也不是件容易的事。所以年輕男女千萬不要為尚未找到另外一伴感到擔憂，因為上帝既然如此設計，祂一定會負責到底，只是時間早晚而已。機會尚未到來，並不代表不會有機會，而是上帝給年輕男女有更多進入家庭的預備時間，否則即使組成家庭，也有可能鬧得雞犬不寧。

既然女人是男人的一根肋骨做成的，肋骨固然有保護器官免於受傷的作用，但是肋骨本身若是開始作怪，所產生疼痛的程度，可能會超過男人的想像。明白乎此，男人又豈能不好對待自己的肋骨——妻子呢？或許我們會覺得奇怪，在茫茫人海中兩個人可以結合，不是神所促成的

嗎？就如同聖經馬太福音19：6提到的：
「既然如此，夫妻不再是兩個人，乃是一體的了。所以，神配合的，人不可分開。」可是為何實際的情況，卻有不少案例是王子與公主不見得從此過著幸福快樂的日子，為何會如此呢？難道上帝配合以後就不管了嗎？實際的情況是，上帝基於一份愛，讓人們有自由意志去做選擇，人們若執意要分開，上帝又豈能強行介入，即使介入了，若雙方都不改變，仍然要分手，試問上帝一再介入的意義又在那裡呢？這就是為何前述幸福家庭是需要花時間經營的本意。

下一個不會更好

根據媒體報導，2013年台灣每10分鐘即有一對夫妻離異。前內政部長李鴻源對此表示，離婚率升高是先進國家共同問

題，因為台灣有許多外國嫁來的新移民，環境調適等因素造成離婚率偏高，台灣離婚率與其他國家有些不同。另外，根據內政部戶政司統計，以民國101年為例，全年離婚對數即達5萬5千980對，平均每天有150餘對離婚，每1小時有6對、即每10分鐘有1對夫妻離異；其中，平均約4對離異夫妻，即有一對是中外聯姻；台灣離婚率達2.41、居世界第3。台灣的離婚率高居世界第3，然卻絲毫沒有令人有開心的感覺，畢竟該等名次不利台灣的長遠競爭力。

面對上述驚人的數字，時任監委的沈美真、尹祚芊認為如此有害兒少身心和家庭權益，日前特別發函約詢內政部、教育部等部會官員了解情況，也盼能倡導民眾不輕言離婚。若是官員倡導有效的話，台灣所有各項事務不早就上軌道了嗎？若是

將台灣的離婚率歸咎於外國嫁來的新移民
較多，恐怕是想當然耳的說法。實際上台
灣的新移民來到台灣人生地不熟，除非是
已經到了生命受威脅的程度了，否則通常
會選擇忍耐。因為若是未拿到身分證而離
婚，必須被遣送回原出生國，可以想像所
面對的環境是多麼地險惡，又豈會輕言離
婚？由此可知，將新移民多當成是離婚率
高的主因，是種誤解，未花時間經營婚姻
恐才是主因。

　　在美國哈佛大學等名校授課的史雷頓
教授（Gregory W. Slayton），寫了一本
名為「我是好爸爸」（Be A Better Dad
Today），書中提到十項工具的第二項是
「在婚姻中全力以赴」，並且引用在美國
華盛頓特區生活的彼得，曾說過的話：
「學習如何成為一個全力以赴的丈夫和父
親，為家庭帶來穩定和平，是以前覺得不

可能的事，可是確實是如此，而且因此成為一個更好的男人」由此可見，在婚姻關係中全力以赴的重要性，會讓原本認為不可能的事變成可能，在此亦可看出男士角色的關鍵性。

史雷頓提到全力以赴的原則有四：婚姻是明鏡、百分之五十的原則、停止比較、離婚不是選項。其中婚姻是明鏡、停止比較及離婚不是選項等，都較淺顯易懂，無須再多做介紹。只有「百分之五十的原則」，比較不容易從字面上理解其意義，實際上作者是在告訴人們，不論男女都只是完整中的百分之五十，然而人們卻經常要求另一半表現得要超過百分之五十。作者認為，不論男女若能做到百分之三十、四十，實際上已經是做到七十、八十了，就已經是相當不錯了。由此可知，人們對於另一半都有過多的苛求，如此怎

麼會不導致雙方更容易走向分道揚鑣一
途呢？曾經有人說過：婚前要睜大眼，
婚後要睜一支眼閉一支眼，也是同樣的
道理。

全力以赴經營婚姻

　　至於全力以赴的行動，史雷頓認為：
思考有沒有競爭者與妻子爭寵；找出妻
子的好惡，並透過這些表達愛；瞭解與運
用妻子喜愛的語言。其中思考有無競爭者
與妻子爭寵，不是只有思考有無另外的女
人與妻子爭寵而已，也有可能是運動、電
腦、電視等，因此要特別留意。台師大人
發系教授林如萍，日前在台灣家庭政策國
際研討會中發表的「台灣民眾之婚姻與親
職教育需求」全國調查指出，受訪民眾
認為「彼此忠誠」是維繫好婚姻的第一
要件，重要性超過經濟穩定，原來不是

「貧賤夫妻百事哀」，「不忠誠」才是最大的傷害。林如萍表示：「『承諾』很重要，小三是永遠的公害。」曾幾何時，受到電視劇推波助瀾的效果，讓社會大眾誤以為那是另外一種浪漫。不過，當實際去涉入時，就會發現短暫的浪漫，隨之而來的是長期的折磨與痛苦，只是電視劇已經沒演了。

相信只要男士願意全力以赴，就能夠像前述在國華盛頓特區生活的彼得所說的一樣，「以前覺得不可能的事，可是確實是如此」，可以成為一個更好的男人。人們可能要仔細想想，要花多久的時間投注在工作上，才能在專業上被肯定，進而使自己成為替代性極低或不可或缺角色呢？在經營婚姻生活方面又何嘗不是如此呢？憑什麼人們可以相信，結了婚之後不用花任何時間在經營婚姻上，就自然而然可以

過著幸福美滿的日子呢？總不能等到退休之後，才開始學習如何與另一半相處，屆時恐怕就已經太慢了，因為西方有句諺語明白告訴人們：「老狗已經玩不出新把戲了」。這也就是為何銀髮夫妻離婚率也居高不下的原因，因為覺得已經受夠了，再也不想繼續忍受了。

以前維持婚姻關係，一方面是基於孩子年幼，另方面則是因為一方或雙方都要工作的緣故，平時夫妻雙方在家見面時間有限，所以還勉強可行。但是等到退休之後，雙方卻必須天天面對面，在沒有良好互動關係的情況下，又怎麼能繼續忍受不選擇分手呢？尤其是想到生命歲月即將走到盡頭，何必再讓自己生活在那種極度不快樂當中呢？若人們想要避免那種蒼涼晚年的出現，現在就要開始行動，尤其是男士們，要好好對待自己的肋骨，讓肋骨充

分發揮保護的作用,而不是造成難以忍受疼痛。

或許有人會覺得肋骨若疼痛,動手術把它移除不就好了,反正少一根骨也死不了,或另找一根肋骨代替也行。現代社會之所以離婚率那麼高,不就是因為男女雙方都認為反正下一個會更好?然而不論你是否信仰上帝,一旦結婚就是一種盟約的設立,盟約與一般的契約不同,是要以生死相許的,就如同古代歃血為盟,又豈能兒戲?也正因為是生死盟,所以下一段婚姻也會受到上一段婚姻的影響,進而使雙方離婚的機率更高。根據美國人口統計局2006年統計資料顯示,百分之六十第二段婚姻最終會離婚,第三段婚姻離婚的比率更高達百分之七十三。

心理學家分析為何第二、第三段離婚率更高,是因為離婚者不願意一個人生

活，對於即將發生的事情有所恐懼，他們並未解決導致婚姻破裂的問題，取而代之的是將原有的問題帶入第二段婚姻。第一段婚姻的問題再加上第二段婚姻的問題，而不離婚也難，若再加上第三段婚姻的問題，要不離婚則更難，所以下一根肋骨不會更好。儘管台灣社會對於離婚男人的接受度比離婚女人高，但這不代表男人可以不用好好對待自己的肋骨，畢竟這是維持婚姻幸福的關鍵因素。

（二）快快地聽、慢慢地說

「我親愛的弟兄們，這是你們所知道的，但你們各人要快快地聽，慢慢地說，慢慢地動怒，因為人的怒氣並不成就神的義。」（雅各書1：19-20）

人與人相處，最困難之處就在於溝

通，夫妻之間尤其如此，畢竟成長背景、生活習慣、教育程度，甚至宗教信仰，都會對雙方的溝通造成影響。夫妻最後會走向離婚一途，大部分的原因都是因為溝通出現問題。不過，人們經常將分手的原因歸咎於個性不合，因為那是一個非常方便的理由。實際上若個性不合是分手的主因，當初彼此就不會相互吸引。既然會彼此吸引，代表雙方個性有互補之處，只是婚前互補的個性，在婚後往往就會成為衝突的根源，何以故？

不同階段溝通重點不同

在談情說愛階段，雙方都只看到對方的優點，而且優點會被放大，尤其是看到對方身上自己沒有的特質，就會更加感動，於是很容易就認定對方就是自己的 Mr. Right 或 Miss Right（白馬王子或白

雪公主）。然而婚後的生活與工作壓力，
就使得白馬王子風度翩翩不再，頓時成了
鐘樓怪人；白雪公主更搖身一變，成了拿
著毒蘋果逼你吃下去的巫婆。婚前婚後的
差異如此之大，主要是因為婚後雙方比較
容易看到對方的缺點，而且缺點會被放
大，甚至優點也會變成缺點。曾經聽過有
位妻子描述，婚前就明白先生不論在做決
定或生活步調方面都有點慢，不過當時認
為這是種穩健的表現，可以幫助自己踩剎
車，以利做出更周全的決定，也不會讓生
活太緊湊。然而婚後此種穩健的表現，成
為步調慢到令人難以忍受。

　　另外一個例子，是有位妻子表示，婚
前與先生在交往的時候，習慣聽先生天南
地北地談論生活與工作上的大小事，覺得
自己不用發言表達自己的想法也很好。然
而婚後卻覺得先生好吵，經常就一直表

達自己的看法，為什麼都不花時間聽自己講話？面對婚前婚後如此大的變化，換作任何人都會難以適應，心裡不免納悶，為何會發生如此巨變呢？直覺的反應，會以為是對方變了，可是實際上卻是自己看對方的角度變了，只是通常自己難以察覺到，是本身的觀察角度不同了，以致於婚前的優點反而成為缺點，若不設法有所覺醒，然後嘗試改變，就很難再有幸福的感覺。

也正因為如此，若是有人想要在婚後利用機會改變對方，奉勸有此想法的人要儘早打消念頭，否則只會帶來更多的失望與痛苦。試想在婚前彼此要相互取悅對方的情況下，對方都不願為你改變，婚後在一切都已成定局情況下，再加上生活與工作的雙重壓力，對方又怎麼會有改變的動力呢？除非是來自神的感動或特殊的人生

經歷，否則人要改變人幾乎是不可能的任務。婚後主客觀環境都有急遽變化的情況下，夫妻雙方有好的溝通就更加的重要，否則很容易就讓雙方感覺不適合走在一起了。好的溝通的要訣就是「多聽少說」，要不然就難以解釋為什麼人們只有一張嘴，卻有兩個耳朵，上帝這樣的設計不就是為了讓人們明白「多聽少說」的道理嗎？可是人們說得少了嗎？

好的溝通是多聽少說

一個溝通極端的例子是發生在美國南北戰爭時林肯總統（Abraham Lincoln）身上，當時他正苦惱於美國聯邦即將因為戰爭而崩解，不知如何是好時，突然想到該找一位多年的民間好友聊聊，看看那位好友能否協助他釐清問題，於是就寫信請那位朋友到白宮一敘。林肯那位好友到

白宮後與林肯長談近兩個小時，結束談話後林肯送這位朋友離開白宮時，非常謝謝他這位好朋友，因為他的好友讓他們的溝通十分順暢。然而實際的狀況，卻是在整個談話的過程中，幾乎都是林肯在表達自己的想法，他的友人其實沒有講什麼話，只是在一旁專心聆聽。林肯在友人沒說什麼話的情況下，會有溝通順暢的感覺，就代表有時溝通是聽比說還要來得更重要，這也就是為何聖經要提醒我們要「快快地聽、慢慢地說」。

人與人相處久了，就會誤以為非常瞭解對方，尤其是夫妻之間，往往在對方話沒講完，就會脫口而出：「我知道你的意思了」，不過實際的狀況往往不是如此。這也就是聖經箴言18：13為何要提醒人們：「未曾聽完先回答的，便是他的愚昧和羞辱。」可以想想是否經常沒什麼耐心

聽對方把話講完呢？當「我知道了」這樣的話一說出口，說話的一方即使不認為聽話的一方是真知道，聽到這句話之後，就很難再講下去了。要不然就是陷入無止境的爭論，來確認對方到底有沒有講這樣的話，以致於根本忘記當初要討論的議題為何。若此種溝通狀況一再出現，久而久之說話的一方就不想講了，因為既然講了沒用，又何必再講，接著就是聽話的一方又要責怪講話的一方，都不表達意見。通常認為講了沒用而不想再講，發生在先生身上的機率比較多，這是因為男人天生在語言發展上，就比女人遲緩。

另外一種比較常見的情況是，夫妻的一方不耐對方講話慢條斯理或者長篇大論，於是在對方講話講到一半時，就直接脫口而出「講重點」。此話一出，也往往會讓說話的一方不知如何繼續下去說下

去，因為一方面表達的思緒可能因此中斷，以致於必須重新在腦中組織，才能說出想要說的話，另一方面也會覺得不受尊重，以致於不想再講了。所以聽話的一方一定要有耐性把說話方的話聽完再回應，免得讓說話方太過於緊張，口說的若與心裡想表達的出現落差，反而會讓雙方的溝通產生更多的障礙。若是不能加以修正，有溝通比沒溝通的結果更加糟糕，因為如此會更加深彼此的距離感，認為對方根本不瞭解自己，要繼續走下去的難度就會愈來愈高。

溝通不良導致同床異夢

美國好萊塢2006年出品了一部電影同床異夢（The Break-Up），由文斯范恩（Vince Vaughn）與珍妮佛安妮斯頓（Jennifer Aniston）分飾男女主角，該

片可說是溝通不良最好的例證。其中有一幕是女主角工作完回家，做了整桌菜招待客人，直到送客人離開，原本希望男主角會主動清洗堆滿洗水槽杯盤，不料男主角卻半躺在客廳拿起遊戲機玩電動。原本只是單純溝通洗碗的問題，女的要男友現在就去洗，男的表示待會再去洗，到男主角不情願地讓步說馬上去洗，此時女主角反而不願讓他洗了，因為男主角只是因為被要求才洗，不是真心想幫她洗碗。或許大家會覺得女主角有點無理取鬧，不是已經答應洗碗了嗎？但這就是感覺問題，女主角希望有被愛的感覺，可是男主角卻只想息事寧人，結果當然會有所不同。

也正因為雙方的期望不同，雙方於是開始翻舊帳，包括女的要男買十二顆檸檬結果只買回三顆、男的想在家擺撞球檯

但女友不准、女的想去看芭蕾但男友從不陪她去、男的說不買花送女友是因為她曾說過買花浪費錢、女的卻又說哪有女生不愛收到花。雙方愈吵愈兇的結果就是脫口而出：那就分手吧，於是男主角就拿著西裝外套開門離開了。儘管此時雙方內心都有些錯愕，但是因為傷害已經造成，兩人也都還在情緒當中，終至局面難以收拾。吵完架後突然來的安靜，不免讓觀眾思考，事情真的有那麼嚴重嗎？不就是洗碗嗎？有必要為洗碗這種小事吵到分手嗎？

這就是溝通的問題，溝通不良的結果，往往就會讓小事變成大事，進而讓雙方誤以為原來彼此的個性、想法差異如此之大，根本不適合再一起；以為可以天荒地老、海枯石爛在一起，那不過是一種錯覺，此時「因誤會而結合、瞭解而分開」

就在腦海中響起，彷彿那就是不可改變的
宿命。曾有夫妻因為擠牙膏要從底部擠或
中間擠，爭吵到離婚的地步，因為洗碗問
題而分手，也就不那麼令人大驚小怪了。
同床異夢的故事告訴人們，溝通切記不要
翻舊帳，一旦開始翻舊帳，雙方就會陷入
相互指責的氛圍中，一發不可收拾是可以
預見的結局。當然雙方有那麼多舊帳好
翻，就代表當初溝通出現問題時，並未及
時加以處理。長久累積下來的結果，就容
易再因為一次的溝通問題而導致衝突升
高，進而促使雙方關係破裂。所以分手不
是肇因於「因誤會而結合、瞭解而分開」
的宿命，更不是雙方個性不合必然的結
果，溝通不良才是主因。在此要再特別重
申一次，個性不合只是離婚或分手一個最
方便的理由而已。

不放棄溝通衝破先天限制

美國的丹尼・席克（Danny Silk）日前寫了一本書「一路愛到底」（Keep Your Love On），在該書中的第四章作者寫到，他自己的父母各自有三次婚姻，論及婚嫁之妻子雪莉（Sheri）的父母也各自結過三次婚，為了避免原生家庭對他們的婚姻造成不好的影響，於是他們在婚前就找一位比爾・強生牧師（Bill Johnson）為他們做「婚前輔導」。強生牧師在他們婚前只與他們二人見了兩次面，一次是請這對有意結婚的男女作一個「適配性測驗」（compatibility test），另外一次則是與他們一起看測驗結果。由於測驗結果看起來一切都還好，於是丹尼・席克就與妻子雪莉就決定步入結婚禮堂。故事當然不是這樣就結束了，否則也

太沒有戲劇張力了。

經過十二年之後的某一天，在因緣際會的情況下，丹尼・席克與妻子雪莉坐在強生牧師的客廳裡聊天，聊起了他們的婚姻。強生牧師想起了貼在他們測驗結果上的貼紙，而那張貼紙是強生牧師要提醒自己，要記得告訴丹尼・席克與妻子雪莉，他將他們二人的「適配性測驗」，送交一位心理學家輸入電腦程式分析所得出的結論，是他們二人的「適配性」是兩條平行線，完全不適合彼此。不過，在陰錯陽差之下，強生牧師未將「不適配」的結果告知丹尼・席克及其妻子雪莉，使得他們二人有機會可以創造美好無比的婚姻關係。那位心理學家之所以認為他們二人不適合結婚，是因為兩人個性上存在重大差異，而且雙方父母的十五次婚姻，使他們婚姻的成功率趨近於零。

丹尼·席克在得知那張便條紙後坦承，他們婚姻的前十年像是人間煉獄，充滿了許多掙扎，因為彼此個性迥異，也都曾經有過殘缺破碎的過去，再加上各自面對恐懼的自然反應，讓他們一路走來遇到許多嚴峻的挑戰。丹尼·席克也表示，有許多次他們都大可因為受夠了在關係上不斷的失敗，而想要放棄；但他們選擇去擁抱讓彼此與眾不同的獨特之處，也在那些經驗中學到，當兩人都拒絕放棄對方時，對彼此無條件的愛與接納，就會產生極大的力量。丹尼·席克特別希望那位認為他們「不適配」的心理學家，可以看看他們現在愈來愈享受彼此共度的生活。作者也特別強調，他們的婚姻在任何一方面都是一個奇蹟。看完丹尼·席克與雪莉的故事，人們還會認為個性不合是雙方無法走下去的原因嗎？

為了要準確掌握「快快地聽、慢慢地說」的原則，「複述溝通」勢不可免。在對方針對重大或具爭議性議題，講完幾句話後，原封不動地再將自己所聽到的重新講一次，即複述，在對方認為複述無誤後，再詢問對方還有沒有要說的，當對方表示沒有繼續要講的，就輪到己方發話，對方聆聽並複述所聽到的，直到雙方都將己方意見清楚表達、對方也清楚接收到為止。此種溝通的好處，就是不會錯聽對方的話，或者是只聽到自己想聽的，再加上為了復述對方講過的話，也會非常專心與耐心地聽對方把話講完。曾經有位先生提到，「複述溝通」是首次他太太可以耐心地把他的話聽完而不打斷。由此可知，「複述溝通」對於增進溝通品質的重要性。

當然剛開始作此複述溝通時，會覺

得有點像鸚鵡講話一般十分不習慣，也會認為如此溝通會十分浪費時間，顯得有些不切實際，甚至覺得有些笨拙。不過，若是因此能夠讓彼此的溝通更加順暢，付上小小的代價應該是值得的。前述「同床異夢」的電影中，男女雙方若是確實進行複述溝通，討論的議題就不會從洗碗的議題，外溢到爭論其他議題。無法聚焦的結果，不僅使得雙方無法在洗碗議題上達成共識，反而因為各種議題一發不可收拾地加入而導致關係破裂。前述日本有位護士詢問許多即將過世人這輩子最後悔的五件事，除了「我希望我能過屬於自己的人生」、「我希望我不要這麼努力工作」、「我希望我能多跟家人、朋友以及重要的人聯絡」外，另外二件「我希望我更勇於說出自己的感受」、「我希望我可以讓自己更開心」，其實都涉及溝通。為了維持

好的溝通品質，偶而針對重大或具爭議性議題，用笨方法來溝通，以「勇於說出自己的感受」，且「讓自己更開心」，誰曰不宜！

（四）

在人際關係勝出

　　人是群居的動物，擁有良好的人際關係，不僅使人們可以感覺不孤單，更可以在職場上成為自己的幫助。試想若是遇到兩個求職條件相同的人，面試官到底會錄用有關係或是沒關係的人呢？有良好的人際關係就可以在那關鍵的時刻發生關鍵的作用，也應了那句俗話「在家靠父母、出外靠朋友」。然而由於網路世界的發達，讓不少人可以在虛擬的網路世界中得到人際互動的滿足，宅男宅女於是就應運而生。儘管如此，人們還是必須要回到真實的世界與人互動，虛擬世界只是暫時的避風港。因此，擁有良好的人際關

係，在人生旅途中仍是重要的成份。命理師或許可以告訴你現在的人際處境，但是如何擁有良好的人際關係，恐超越其業務範圍。

（一）看別人比自己強

「凡事不可結黨，不可貪圖虛浮的榮耀，只要存心謙卑，各人看別人比自己強。」（腓立比書2：3）

每個大團體中都有許多小團體，之所以形成小團體，是因為個體，除非是幾位指標性的領袖人物，在大團體往往會被忽略，所以希望能藉由參與小團體被看見，也可藉此壯大自己的力量，讓自己不陷入孤立無援的狀態。不同的小團體之間，若是處於一種良性競爭的狀態，或許對於整個大團體是有利的，然而小團體本身就有

排他性，也很難與其他團體合作，通常都是處於惡性競爭的狀態，如此對於整個團體的發展就十分不利。

切勿陷入結黨的困境

試想若是一個組織內的人員，若分別屬於兩個小團體，彼此之間惡性競爭的結果，可能就使組織連一半的戰力都無法發揮，因為必須把一部分力量拿來應付敵對勢力。若是組織內有分成三個以上小團體，則戰力將更為分散，就更不容易在激烈的競爭市場中勝出，最後將導致整個組織的瓦解或被淘汰，豈能不慎！當然小團體的區分可能是圍繞在組織高層領導而形成，以公司而言，可能有董事長派或總經理派，民間組織則可能出現董事長派或執行長派、理事長派或秘書長派。亦可能因在不同部門工作而自然形成

的小團體，通常製造部門與業務部門，彼此都是處於惡性競爭的狀態，業務部門往往認為製造部分做出來的東西很爛，以致於使他們的業績不佳，製造部門亦同樣會抱怨業務部門行銷不力，不能將好產品的特點介紹給消費者。不論是公說有理或婆說有理，都已經對公司整體的發展造成影響。

當然任何一個組織中有小團體，並不新鮮，自古以來就有這樣的例證。歐陽修特別寫了一篇文章討論「朋黨論」，提及「臣聞朋黨之說，自古有之，惟幸人君辨其君子小人而已。大凡君子與君子，以同道為朋；小人與小人，以同利為朋；此自然之理也。」儘管歐陽修認為若君子以道為朋不見得是壞事，但是通常人們看到都是小人以利為朋。觀諸中國歷史上的幾次大的黨爭，例如東漢的黨錮之禍、唐朝的

牛李黨爭、北宋的新舊黨爭、明朝的東林黨爭，乃至大陸文化大革命中毛澤東與彭德懷、劉少奇、林彪、鄧小平之間的「派系」鬥爭，都為國家社會帶來重大傷害。或許是歐陽修刻意忽略在他之前所發生各項黨爭，才會認為朋黨其實有其好處。實際上聖經提醒人們「凡事不可結黨」，其實也在說明結黨通常以利為主而不是以道為主。

在政治界、商業界因為受到政治利益與商業利益的影響，難免就會產生各式各樣派系與小團體。儘管有識之士認識到小團體與派系，通常看重小團體與派系的利益更甚於對整體利益，以致於會對整體利益的維護產生不利的影響，所以不怎麼認同此種情況，但是由於小團體與派系成員更具有向心力，在運作上更有效率，因此即使不被認同，也會對維護

整體利益不利，要徹底消除豈是容易之事。此種情況不僅存在於政商界，連強調作育英才、強調學術中立的教育界亦不能倖免。

君不見每到新校長遴選的時刻到來，各候選人及其支持者就會自然形成小團體或派系，於是黑函開始滿天飛，讓原本應該單純潔淨的校園，頓時顯得烏煙瘴氣。更遑論有所謂的學閥，不僅掌握進入教育界的管道，也掌握了學術資源的分配，如此近親繁殖的結果，使學術的中立性及多元化不再，對於國家社會長遠的發展，都會帶來不利的影響。日前發生台灣教授投稿國際期刊的60篇論文遭到撤銷，讓台灣的學術聲望受到空前的打擊，共同發表的教授疑似只是掛名，並不瞭解論文的實際內容，也被視為是受到某種程度學閥影響的關係。由此可知，為何聖經告訴我們

不要結黨。

要有好的人際關係，千萬不要讓自己陷入必須在兩個團體或派系作選擇的困境當中，一旦落入該困境，不論最後的選擇如何，都將會面臨必須與另外一些人為敵的局面，即使你不願如此，但是當已經被歸類之後，就很難不被標籤化。若是你現在所屬的團體被歸為當權派，當然相對會享有較多的資源，不過誰知道什麼時候會不再當權了呢？一旦不當權之後，豈不會受到新當權派不公平的對待嗎？因此，也許社會的價值告訴我們要找到合適的小團體棲身，以增加自己的力量，不過聖經卻不是如此建議，就看人們如何抉擇。

用鼓勵代替挑剔

另一項挑戰一般職場常識的概念，就

是「看別人比自己強」。若是別人比自己強，某種程度就代表自己比別人弱，升遷的機會自然也就小得多，因此為了升遷經常看到的場景是貶低別人、高抬自己。換言之，為了升遷不把別人踩在腳底下就已經是夠仁慈了，又怎麼能看別人比自己強呢？「一將功成萬骨枯」不就說明若要出人頭地，犧牲別人也是天經地義的事。有這樣的想法，是因為將升遷當成是最重要的價值，若是不把它當成最重要的，還會如此想嗎？聖經馬太福音6：21「因為你的財寶在哪裡，你的心也在哪裡。」實際上也在提醒人們，你看重什麼就決定了看事情的角度，以及後續的行動，並不代表實際情況非得如此不可。

若是不看上司比自己強，會有什麼結果呢？自然就會對於上司的命令打折扣，最後成效不好，到底是命令下的不對，或

者是執行效果不佳，就很值得討論。若是此時高層站在上司那邊（通常會如此，因為高層也不希望自己的權威被如此挑戰），自己就會更感到不平。若此時不選擇調整態度，長此以往，試想還能夠繼續在該組織待下去嗎？自認為有能力的人，通常都會認為別人都是「不才而遇」、自己都是「懷才不遇」，就不想服從領導。如此「一年換24個老闆」，將不再只是坊間的一句笑話，而是會真實發生在那些不服從領導之人的身上。

實際上聖經羅馬書13：1：「『在上有權柄（指有權發號司令）的，人人當順服他；因為沒有權柄不是出於神的；凡掌權的都是神所命的。」就在提醒人們，所有有權發號司令的人都是神所設立，都要順服，愈早明白這個道理，愈能夠在職場累積自己的實力。否則一年換24個老闆，

再有實力，又有那個老闆敢用你呢？有道是「千里馬常有，伯樂不常有」，說明要讓伯樂有機會發現自己是千里馬，否則豈不太過遺憾。千萬不要以為上司學歷差、成就少，甚至英語也講得零零落落，就可以瞧不起，須知他或她能夠坐上那個位置，一定有過人之處，又豈能不看對方比自己強呢？

在這個世界上，大概沒有人不希望被肯定與讚美的，若是在職場中適時地對於同事的長處或傑出工作表現予以肯定與讚美，對於增進與同事之間的人際關係定能有所助益。當然所有的肯定與讚美，一定要發自內心，若非出於真心誠意，對方也感覺得出來，如此不但不能達到肯定與讚美的效果，反而有可能被對方視為嫉妒或反諷，讓雙方的關係更為惡劣，不可不慎！實際上真心肯定與讚美也不難，因為

每個人在職場上的表現都有優點與缺點，若是看別人比自己強，就會放大對方的優點而忽略缺點。反之，若看自己比別人強，就會放大對方的缺點而忽略其優點，所以關鍵仍在於我們如何選擇看事情的角度。可惜的是，通常人們都是「看到別人眼中的刺，而不會看到自己眼中的樑木。」（路加福音7：1）

這也就是為何人們要學習看別人比自己強的功課。試想一旦眾人都如此做，每個人的潛能就能因此被更多地激發出來，因為自信心提昇後，也就更有能力突破現狀。如此不僅對於個人之間的人際關係互動，甚至是有助於提升組織整體的工作表現，又怎麼能不如此做呢？

（二）不求自己的益處

「各人不要單顧自己的事，也要顧別人的事。」（腓立比書2：4）；「凡事都叫眾人喜歡，不求自己的益處，只求眾人的益處，叫他們得救。」（哥林多前書10：33）

有道是「人不為己、天誅地滅」，意味著人都是自私的，凡事都是先想到自己。從小子孩子搶玩具而不願分享；為了滿足自己的目的，不用教就會說謊等特點看來，就明白自私是早就存在人們基因中的成分。有不少人在年幼的時候都讀過一段故事，就是華盛頓小時候勇於向父親承認砍倒櫻桃樹，而不是以說謊來脫罪，因此被父親讚美，該課文是希望藉此來鼓勵人們要誠實。不過，這個故事最後被證明

是虛構的，如此則更說明能夠不以私利而說謊，是件多麼不容易的事。也有不少人第一次面對原罪的議題時，內心有不少反彈，心想自己又沒有犯罪，何來原罪？為何要承擔那原罪？只要回過頭去檢視我們過去的言行，就明白其實罪潛藏在我們的基因中。心理學家談到三種我——本我、自我及超我，本我實際上就是原罪的成份，經常要引誘我們犯罪，若不去對付，就容易犯罪。

利他本身就是目的

有一種說法是，在自由經濟社會，「自利」是促成市場進步的重要推手；生產者以最有利的數量和方式生產商品，消費者以對自己最有利的邏輯做出選擇，造就了有效率的供需機制，不僅促成繁榮的經濟，也改善人們的生活水準；在功利主

義掛帥的現代社會，有人認為強調「利他」太過矯情，他們會坦率的表示自己只想獨善其身。如果「利他」太過矯情，那無異抹殺了西方傳教士，為了宣揚愛的理念，終其一生在非親非故的遙遠國度中奉獻，他們的行為豈非矯情到不行！不過，這樣的矯情應該會受到許多人的歡迎吧！

另一種說法，是認為將「利他」精神放第一，以短視眼光來看的確可能損害到自身利益；例如在職場上樂於分享、不藏私的人，總是可以增加旁人的能力和價值，看似降低了自己的重要性；但是「讓別人更好」這樣的特質，毫無疑問是每個優秀團隊所渴望的。聰明的領導人都在辨識「利他型」的員工，賦予更大的責任和職位；那位每天讓別人變得更好的人，絕對是明日更上層樓的候選人。此種說法最大的問題，是純粹從利益角度出發來

考量「利他」，此種有工具性的「利他」到底能夠維持多久？萬一「利他」後的「利己」完全沒出現，還會繼續「利他」下去嗎？

　　若從做生意的角度來觀察此種說法，就更清楚不過了。因為該種說法認為「在商場上，真正的『利他』不是做生意不計成本、無法獲利；相反的，廣義的『利他』思維是：『能夠在價值鏈上為別人創造最大利益』，所有生意的利潤來源都是從『利他』開始；最擅長利他的企業，才有機會賺取最大利潤，至於永遠停留在『利己』的小框框，也只賺得到短淺的蠅頭小利。」很明顯上述說法的「利他」，最終的目的是在「賺取最大利潤」，工具性的作用十足。問題是一旦「利他」成為工具，當工具遲遲無法達成目的時，該工具也就自然而然就會被另外一種更能達成

目的工具所取代，也就「利他」不下去
了。由此可知，只有將「利他」本身視為
是一種目的，才能長長久久。

　　舉例而言，早期西方傳教士來到台
灣，辦醫院、開育幼院、成立安養中心等
等「利他」的作為，有什麼特別的目的
嗎？是為了要博得好名聲嗎？是為了讓人
感念嗎？是為了能夠拓展自己的生活境界
嗎？當然不是。如果不是因為領受了神的
愛，為了宣揚神的愛，讓更多的人能夠因
此得到幫助，又豈會奉獻一生在異國！曾
經有位美國傳教士，在台灣奉獻了大半輩
子後，最後選擇回美國安度晚年，原因是
因為他不願為他在台灣奉獻的機構帶來負
擔，而美國的養老照顧制度較好，可以讓
他無後顧之憂。那位傳教士的作為，不就
完全體現了「不求自己的益處，只求眾人
的益處，叫他們得救」的精神嗎？

施比受更為有福

回到我們熟悉的職場，或許人們會以為平時顧自己的事都來不及了，那有時間顧別人的事。「只求他人的益處而不求自己的益處」，則更猶如天方夜譚般的不可能。台語有句諺語表示：「青吃都不夠，怎能曬乾」，就在表達自顧都不暇，那有些能力去顧及他人。不過聖經為何要教導人們如此做，如果做不到，又為何要建議般如此做，難道這位神是專門在為難人的嗎？斷乎不是。神的教導是在幫助人們明白，這就是人們存在的目的，有句經文不是說「施比受更有福」嗎？（使徒行傳20：35）然而「只求他人的益處而不求自己的益處」，在說明人們是有餘的才有餘裕去顧及他人，不是更為有福是什麼呢？

以前小學課本有一則寓言故事，內容描述有一個鄰人向他的鄰居乞米，那位鄰居就把所存的米都給了他，鄰居的妻子特別提醒他丈夫：「我們明天就沒有米了。」這位鄰居說：「我們明天沒米是明天的事，他沒米是今天的事。」這則寓言故事告訴人們，只要願意，永遠有能力去顧及別人的事、只求他人的益處。當我們有缺乏的時候，當然也希望別人能夠適時伸出援手，而有能力伸出援手，相對於接受的人而言，是大的福份，因為代表有給予的能力。若是我們在職場上，顧及別人的事、只求他人的益處，肯定會有好的人際關係，因為你可以知道別人的需要，也能夠適時地去滿足他人的需要。

前監察院長王建瑄夫人蘇法昭老師，曾寫過一短文表示，以前小時候在教會裡聽牧師講：「施比受更有福」，實在想不

通，認為施的人送人1000塊，受的人接
受1000塊，當然是拿到1000塊的那個人
比較快樂，怎麼會是給的人快樂呢？並且
在幼小心靈中，曾武斷的下了一個結論：
「施比受更有福」這句話，不過是父母師
長用來教訓晚輩的一句名言。但隨著年歲
增長，蘇法昭老師慢慢從人生經驗中，
體會出一點心得，施的意思應該是「貢
獻」、「拿出來」，也就是「我和你合
著享用」的意思；一個人若肯貢獻力量，
把自己的東西與人分享，比接受這件東西
的人，是更有福氣的。蘇法昭老師更指
出，這些年來常進出醫院，在醫院裡看到
好些病人沒錢付醫藥費，也沒家屬就近照
顧，需要很多義工來幫助和捐錢；那些得
到幫助的病人是有福的，可是她寧願站在
床邊餵食，寧願是那個幫助病人的人，情
願做一個施者，願意付出，願意做一個分

享的人，因為能付出，就表示有力量、健康，至此才懂了「施比受更有福」這句話的真義。

願意就能帶來影響力

或許人們會有種錯覺，認為一定要在精神與物質上都十分的充裕，才能開始「不求自己的益處，只求眾人的益處」。不過，除了上述故事的啟示外，聖經裡還有寡婦兩個小錢的故事，告訴人們實情並非如此。該故事的內容是：「耶穌對銀庫坐著，看眾人怎樣投錢入庫。有好些財主往裡投了若干的錢。有一個窮寡婦來，往裡投了兩個小錢，就是一個大錢。耶穌叫門徒來，說：『我實在告訴你們：這窮寡婦投入庫裡的比眾人所投的更多，因為他們都是自己有餘，拿出來投在裡頭，但這寡婦是自己不足，把她一切養生的都投上

了。』」（馬可福音12：41-44）原來只要人們願意，即使能力有限也可以做得到。更何況聖經也提到「你們要給人，就必有給你們的」（路加福音6：38）這當然不是要人們希望藉此尋求更多的回報，而是要人們不用擔心付出，這也是工具與目的的差別。

　　試想有誰不想與看別人比自己強、只求眾人的益處的人士為伍呢？因為跟這樣的人在一起不用提防他是否會對你冷嘲熱諷，不用擔心在他面前說了什麼，他回過頭在你背後捅你一刀，如果你是這樣可以值得被信賴的，人際關係還會差嗎？如果可以，有誰願意每天活在爾虞我詐的環境中呢？政治與商場上的爾虞我詐，又是為了什麼呢？不就是為了多那麼點政治與商業利益嗎？然而若是人的一生到頭來「窮到只剩下錢」，生命的意義又在那裡呢？

人們到底希望將來離開世界的時候，是被仍然存在的人用什麼的形象回憶著呢？有些事現在不做，明天就會後悔，從今天就開始看別人比自己強，不求自己的益處、求眾人的益處吧！

破繭而出：開啟新生命的五個途徑

作管理人中的佼佼者

　　有道是「人算不如天算」，如果人真的能夠明白這個道理就不會想要與天爭高。古代以色列人說：「來吧！我們要建造一座城和一座塔，塔頂通天，為要傳揚我們的名，免得我們分散在全地上。」（創世紀11：4）這座塔後來名為「巴別塔」。以色列人建城與塔的目的，是不想分散全地，可是後來被分散到世界各地，直到1948年獨立建國後，分散在世界各地的猶太人才回到以色列。現化世界也有不少國家在蓋世界第一高樓，是另外一種形式的與天爭高，巧合的是只要完工前後，建造國家的經濟就會受到影響。

曾經是世界第一高樓的美國帝國大廈，1931年完工前後美國發生了經濟大蕭條；1973年世界一高樓美國世界貿易中心落成前後，美國灰頭土臉地退出越南戰場，帝國鋒芒不再，經過幾十年的休養生息，才逐漸恢復元氣；1998年馬來西亞雙子星大樓取代美國世界貿易中心，成為世界第一高樓，但該國經濟受到亞洲金融危機重創，到現在都還沒完全恢復；2003年台北101大樓完工後，超越馬來西亞雙子星大樓，成為世界第一高樓，當年發生了空前絕後的非典型肺炎（SARS），重創台灣觀光與經濟，台灣經濟發展從此也不再亮麗；2010年高828公尺的世界第一高樓杜拜哈里發塔（Khalifah）完工前後，杜拜王國驚傳國家幾乎破產，若非同屬阿猶公國的阿布達比王國同意伸出援手，哈里發塔恐只會是蓋一半的廢墟。

　　實際上台北101大樓在1999年興建之初，就傳出原先批准該大樓興建的台灣交通部民航局，突然宣稱該大樓的高度超過航高限制，可能會引發撞機，已經動工的台北國際金融大樓甚至打算向政府提出國家賠償。風波平息后，在2002年台北又發生了裡氏6.8級的331大地震，架設在50層樓以上的吊臂從高空墜落，造成5人死亡、19人受傷的悲劇。2002年7月4日大樓重新開工，同時也改名為台北101，不料在2003年1月16日大樓又突然起火，火苗從這棟超高大樓的10層樓冒出，場面相當嚇人。更遑論這棟大樓的單位造價成本是全球第三高，甚至超過杜拜哈里發塔。由此可見，與天爭高還得有付出高代價的準備，能夠不要還是比較好。

（一）敬畏神是智慧的開端

「敬畏耶和華是智慧的開端，認識至聖者便是聰明。」（箴言9：10）「敬畏耶和華是智慧的開端，凡遵行他命令的是聰明人。」（詩篇111：10）

或許對於學科學的人而言，終其一生的志業，就是在解構神學或信仰加諸在人類的思想與行為的限制，怎麼會同意「敬畏耶和華是智慧的開端，認識至聖者便是聰明」呢？換言之，對他們而言，智慧與聰明是不斷在實驗及實踐的過程中，增加對內外在世界的認知所累積而來的，所以要瞭解所處的這個世界，是要靠人類理性不斷地思辨而不是靠神的啟示。更何況科學講究的是共同的客觀標準，神學與信仰則更多的是個人主觀的領受，或不能成為

人類共同的經驗，如何能夠讓人類能夠共同理解未來的路要如何走。

科學難以回答意義問題

只是科學的知識較多的只能解答因果關係的問題，舉最近最夯的議題全球氣候暖化或極端化為例，科學家就開始探討到底是什麼原因，導致這個看似會對地球造成毀滅性影響的現象正在形成？是二氧化碳排放的關係嗎？或者是受到太陽黑子的影響？科學難以解答的是意義的問題，諸如人來到這個世界的目的是什麼？有特定的使命要完成嗎？生命的價值是什麼？什麼是幸福？

談到生命的價值與意義，擅長寫科幻小說的倪匡無疑是個具有傳奇色彩的例子。據香港基督教媒體報導，早年信佛的他，曾經也遇過人生的低谷，因想不通人

活著的目的甚至有過輕生的念頭。倪匡也分享：「只知道不快樂，人生沒有了活下去的意義，每一個明天都是今天的翻版，後天又是明天的翻版」、「一眼可以看到底了，作為一個人，生活和昆蟲一樣，那有什麼趣味？」然而，藉著基督教資料和基督徒開導，他慢慢地從迷茫和掙扎中看到「這真是真理」，心中的一個個疑問也漸漸解開，1986年復活節，在台北一間教會受洗歸入基督。誠如倪匡所言，如果「明天都是今天的翻版，後天又是明天的翻版」，人們不免要問，每天活著的意義又在那裡呢？這樣的問題是科學家無法回答的。

另外不得不提到的例子，是被視為20世紀最聰明的人愛因斯坦（Albert Einstein）。他於1879年出生在德國一個猶太裔家庭裡，他宣稱年幼時曾經很虔

誠，但從12歲起他便開始質疑傳統宗教，曾表示他不相信神學裡那位賞善罰惡的上帝；「我的上帝創造了能照料一切的法則；他的宇宙並非由癡心妄想來治理，而是由不變的法則來治理。」2008年有封愛因斯坦在1954年所寫的親筆信被拍賣，在該信中他提到：猶太人崇拜的「上帝」，在他看來只是一種「措辭」，是「人類軟弱的產物」；《聖經》則是集「傳奇故事」之大成，內容「幼稚」；猶太教和其他宗教，都是「幼稚迷信的化身」。愛因斯坦也指出，他身為猶太人，卻不認為被世人稱為「上帝選民」的猶太人，有何特殊過人之處。愛因斯坦的書信，更讓人懷疑他是否為無神論者，更甭論敬畏神。

從事科學與宗教研究的牛津大學榮譽退休教授約翰‧布魯克（John Brooke）對此表示，那封信只會強化人們的一種

印象，即愛因斯坦雖然不主張無神論，但也不是傳統的有神論者；愛因斯坦就像過去許多偉大的科學家，對宗教採取比較模棱兩可的態度；愛因斯坦相信有某種智慧透過大自然而運作，但他的想法當然不是傳統基督教或猶太教的宗教觀。不過，人們若從愛因斯坦曾經對宇宙的奧妙和神秘發出驚嘆的名言：「沒有宗教的科學是跛子，沒有科學的宗教是瞎子」來判斷，相信不會得出他是無神論者的結論。

更何況愛因斯坦曾表示：「你沒有辦法在問題發生的層面解決問題，在我們試過經濟與軍事方法後，讓我們將目光靠近機制化的宗教」、「你沒有辦法在問題發生的層面解決問題，我們知道宗教與政治是完全聯結在一起的」。由此可知，當他遇到無法解決之問題的時候，還是必須要回歸神的身上。最令人感到奇妙的是，當

他在1929年聽到天才小提琴手耶胡迪・梅紐因（Yahudi Menuhin）演奏時（他就是那位曾經在演出後讓所有紐約頂尖小提琴手，想要燒掉他們樂器的那位天才提琴手），發出讚嘆「現在我明白有位上帝在天堂」（now I know there is a God in heaven）。愛因斯坦曾說過「沒有科學的宗教是瞎子」、「現在我明白有位上帝在天堂」，代表他明白有許多事情還是要由神來導引，人是無法主導所有的事，如果不想變成瞎子，就必須交由神來指引前面艱難的路。

聖經非常明白地告訴人們智慧與愚昧、聰明與笨拙區別的關鍵，就在於是否明白「凱撒的物當歸給凱撒、神的物當歸神」的道理（路加福音20：25），即使是天使長也不能竊奪神的榮耀。撒旦，也就是人們熟知的魔鬼，原本就是天使

長，因為想要取代神，「牠於是被摔在地上，牠的使者也一同被摔下去。」（啟示錄12：9）也許人類自恃科技發展一日千里，可以解決人類所面臨的一切問題，如果實況真是如此，為什麼無法解決層出不窮的疾病問題呢？姑且不論SARS肆虐期間，亞洲國家人心惶惶，甚至連專業的醫護人員也同感惶恐，日前伊波拉病毒在西非爆發疫情的時候，多家國際航空公司暫停航空服務，也因此干擾了醫療隊前往伊波拉疫情最嚴重的賴比瑞亞、獅子山共和國和幾內亞三國的行程，而且阻礙了前往這三國輸送藥品和物資的行動。人類真的相信科學能解決一切問題嗎？

學習所羅門王的智慧

不論是否讀過聖經，但多多少少都應聽過所羅門王「智斷生母」的故事。該

故事被記載在「列王記上」3：16-27，內容如下：一日，有兩個妓女來，站在王面前。一個說：「我主啊，我和這婦人同住一房。她在房中的時候，我生了一個男孩。我生孩子後第三日，這婦人也生了孩子。我們是同住的，除了我們二人之外，房中再沒有別人。夜間，這婦人睡著的時候，壓死了她的孩子。她半夜起來，趁我睡著，從我旁邊把我的孩子抱去，放在她懷裡，將她的死孩子放在我懷裡。天要亮的時候，我起來要給我的孩子吃奶，不料，孩子死了。及至天亮，我細細地察看，不是我所生的孩子。」那婦人說：「不然，活孩子是我的，死孩子是你的。」這婦人說：「不然，死孩子是你的，活孩子是我的。」她們在王面前如此爭論。

王說：「這婦人說『活孩子是我的，

死孩子是你的』，那婦人說『不然，死孩
子是你的，活孩子是我的』。」就吩咐
說：「拿刀來。」人就拿刀來。王說：
「將活孩子劈成兩半，一半給那婦人，一
半給這婦人。」活孩子的母親為自己的孩
子心裡急痛，就說：「求我主將活孩子給
那婦人吧，萬不可殺他！」那婦人說：
「這孩子也不歸我，也不歸你，把他劈了
吧！」王說：「將活孩子給這婦人，萬不
可殺他，這婦人實在是他的母親。」如果
換了其他人，不知道要用什麼方式來判斷
誰是生母？當所羅門王如此有智慧地斷案
以後，「以色列眾人聽見王這樣判斷，就
都敬畏他，因為見他心裡有神的智慧，能
以斷案。」（列王記上3：28）如果你是
一位公司的主管，你的部屬看到你智慧
的表現都覺得信服，試問你因此要成為
一位傑出的管理人，還會難嗎？不過，

令人好奇的是所羅門王的智慧是從何而來的呢？是天生的嗎？還是經過後天不斷地操練？

　　同樣是聖經的記載，所羅門王在接續他的父親大衛王作為以色列的國王後，擔心自己年幼無法管理眾民，所以就向神求智慧。「所羅門因為求這事，就蒙主喜悅。神對他說：『你既然求這事，不為自己求壽、求富，也不求滅絕你仇敵的性命，單求智慧可以聽訟，我就應允你所求的，賜你聰明、智慧，甚至在你以前沒有像你的，在你以後也沒有像你的。你所沒有求的，我也賜給你，就是富足、尊榮，使你在世的日子，列王中沒有一個能比你的』」。（列王記上3：10-13）神因為所羅門的敬畏，所賜給他的甚至是超過他的所求所想。所門羅王的福份相信沒有人不要的，既然如此，人們又豈能不敬畏神

呢？一旦敬畏神，神就會賜下智慧讓人們可以成為好的管理人，又怎麼能不立即有所行動呢？

（二）靠神立定自己的腳步

「人心籌算自己的道路；惟耶和華指引他的腳步」（箴言16：9）、「人心多有計謀；惟有耶和華的籌算才能立定」（箴言19：21）

前述提到「人算不如天算」，上述兩節經文也都在告訴我們人類再會算計，也會有失誤的時候，唯有按照神所規定的自然法則，才不容易出現失誤。經濟學被視為是社會科學中最理性的學科，所以諾貝爾設立唯一屬於社會科學範疇的獎項就是經濟學獎。儘管有位諾貝爾經濟學獎得主海耶克，認為經濟學牽涉到許多人的變

數所以不適合設獎，不過經濟學在預測及解釋經濟現象的權威性，已經被公認與肯定。只是這麼一門具有理性色彩的社會科學，為何無法預知全球金融海嘯已經侵門踏戶了呢？

要看見人類理性的侷限

2009年1月台灣「商業週刊」一篇題為「經濟學家不如司機」的報導，提及了美國「經濟學家對這次金融危機事前無力預知、事後束手無策」的窘境，經濟學家不是最會算的嗎？為什麼對全球金融海嘯的發生沒有警覺呢？其實並不是完全沒有人注意到，該篇報導提到：「耶魯大學（Yale）經濟學家席勒（Robert Shiller），在2008年10月《紐約時報》（New York Times）就曾表示：數年前在邁阿密，一位計程車司機就指著無所不

在的建築工地告訴他，到處都在蓋房子，市場供應過剩，遲早會有大災難。」果不其然，全球金融海嘯的發生是受到美國房地產次貸風暴的影響。

次貸風暴的發生，是因為美國銀行在經濟景氣好時，放寬原本不具借貸條件之貸款戶的借貸標準，使得信用不佳、還款能力不足的貸款戶也能以抵押房產方式借到錢買房子。這在景氣好時不成問題，當景氣下滑、失業率增加或者收入減少，立即使次貸戶繳息與還款出現問題，銀行不得不沒收房地產抵債。不過，由於景氣下滑，市場過剩的房地產的拍賣價格，無法填補借出去錢的破口，在現金不足壓力下，只能宣佈倒閉。惡性循環的結果，使美國大型投資銀行也無法倖免，再加上歐美金融體系的連動，終至引發難以收拾的全球金融海嘯。經濟學的基

本原理就是供需平衡,可是為何當供過於求的情況發生時,美國2006年有1萬5000名經濟學家,絕大多數對之無動於衷?

該篇報導指出:「席勒的解釋是:一群專家講的話不會離群體值太遠,若發言和群體共識不同,可能會讓其地位告終。但經濟學家真如席勒所說,受到「群體思考」制約,則接下來問題是:為何多數經濟學家思維都如此類似?」席勒的問題恐怕也是大都數人想要問的問題。此外該報導也提到:「麻省理工學院(MIT)經濟學家艾思摩古(Daron Acemoglu)日前發表文章稱,有三個觀念蒙蔽了經濟學家:一是以為經濟劇烈變動的時代已一去不返;二是以為市場會自動監督投機行為;三是以為大企業會自我監督,但從過去的安隆(Enron)到這次美林、雷曼兄弟證明此認知『已被判死刑』。」

美國的經濟學家未能事先預知全球金融海嘯的發生，英國的經濟學家有好到那裡去嗎？同樣是媒體報導，英國女王伊利沙白二世問英國皇家經濟學院的院長，為何經濟學家未能事先預測到全球金融海嘯的發生呢？英國皇家經濟學院眾經濟學家為此開了三天的會，得出來的結論竟然是因為現在的經濟學家都不關心實體的經濟，如果經濟學家無法解決實體的經濟問題，試問設計的經濟模型再完美，精算的數字再準確的意義為何呢？經濟學的結論通常是在某些條件不變的假設下所得到的，偏偏那些原來認為不變的假設條件發生了變化，以致於未能讓經濟學家得以防患於未然。原來過去被視為精準的概念，似乎一夕之間全部都不行了！人們還能再相信什麼？

　　既然社會科學中的經濟學，看起

來不那麼理性，事前既無力預知，事後也束手無策，自然科學相對而言因此有比較好嗎？也不盡然。2011年獲得諾貝爾化學獎以色列科學家謝茲曼（Daneil Shechtman）的故事，就告訴人們自然科學家也沒有高明到那裡去。謝茲曼得到諾貝爾化學獎的肯定，是因為他揭開「準晶」（quasicrystals）的秘密，而這項成就革新了科學界對固態物質的觀念。諾貝爾委員會形容，「準晶」有如「引人注意的原子拼花圖案」，其排列型態極有秩序且對稱，而絕不重覆；謝茲曼的發現「極具爭議性」，因為「準晶」的原子「排列方式與自然法則牴觸」。

專業化發展限制科學家的視野

先前科學界認為，晶體的原子是以對稱型態排列，因此將其旋轉時，看來都

一樣；但謝茲曼的研究卻揭露，晶體原子的排列型態也可能不重覆；他是在以顯微鏡觀看鋁錳混合物時，發現這種絕不重覆而且似乎與自然法則相反的型態。謝茲曼1982年在美國華府的實驗室首次觀察到，晶體呈現5角對稱，也就是10個角，而多數科學家認為不可能，當他在授課大學公布研究結果時，所收到的不是讚嘆，而是嘲笑。他在其後的多個月間試圖說服同僚相信他的發現，但對方總是不願相信，任職於「美國國家標準與技術研究所」（US National Institute of Standards and Technology）的負責人，甚至給他1本結晶學教科書，建議他閱讀。最後有人要求他，離開他在這個機構內的研究團體。

謝茲曼在不得已的情況下重返以色列，這時有1位同事願意與他合作，撰寫1篇分析此一現象的論文；該文先是遭到拒

登，最後終於在1984年11月得以發表在刊物上，結果引發科學界一陣譁然，兩度拿下諾貝爾獎的鮑靈（Linus Pauling），就是絕不相信此一發現的科學家之一。1982年當謝茲曼發現「準晶」時，那年他只有41歲，等到2011年得到諾貝爾獎獎的肯定時，他已經70歲了，若不是他活得夠久，恐怕這輩子難以得到諾貝爾獎的肯定。因為諾貝爾獎獎勵的對象，僅限於還活在世上的人。由此可見，自然科學家也沒有比社會科學家高明到那裡去，也會受到過去經驗或理論的影響，對於自然界的新現象，反而不能以一種客觀的態度看待，能說這不是受到人算的影響嗎？既然人算那麼不可靠，要靠什麼呢？不靠神算，還有什麼其他選擇嗎？

美國有位科學哲學家名為孔恩（Thomas Kuhn），早年就讀於哈佛大

學物理系他，在偶然的機會裡，突然認識到亞理斯多德的「物理學」，相較於今天的物理學，看起來有點荒謬可笑，可是他心中總是有個疑問，此種荒謬可笑的物理學，為何能領導西方物理學界長達300年？經過孔恩深入探究，他發現亞理斯多德的「物理學」不能說是錯誤，只能說是與今日物理學的基礎「不同」；由於沒有可以共通比較的基礎，所以科學家會以今日之是，來否定昨日之是，進而將其視為非。因為這個啟蒙式的領悟，使得他後來從物理博士後轉向科學史的研究，進而寫了一本名為「科學革命的結構」，來解釋此種象。

孔恩從兩種物理體系的「不同」，理解到歷史中從一個科學理論跳躍到另一個科學理論的「科學革命」性。因為彼此不能共通之比較的基礎

（incommensurability，即所謂的不可通約性），科學理論的演變需以「革命」的強烈方式出現，因此就將「科學革命」作為一概念正式提出，如同社會新舊體制不相容，必須用革命手段來推翻舊政體一般。孔恩認為，科學是一個高度累積性的事業，它的目標在穩定地擴張科學知識的精度及廣度；在任何一門科學的發展過程中，第一個共同接受的典範，通常大都覺得能成功地解釋大部分研究者容易觀察到的現象；進一步的發展通常就需要建造更費巧思的儀器，發展出一套只有內行人懂的術語及技術，以及把原先較為粗糙的觀念改造成精密的思考工具；專業化的發展，限制科學家的視野，使科學研究僵化。用「專業化的發展，限制科學家的視野」這樣的觀點，來解釋為何2011年諾貝爾化學獎得主謝茲曼的同事們，會對他的

研究新發現嗤之以鼻，也就不難理解了。

孔恩在書中也提到過去有許多舊科學被新科學取代的例證，例如哥白尼（Nicolaus Copernicus）天文學取代托勒密（Claudius Ptolemaeus）的天文學，即太陽為宇宙中心說取代地球為宇宙中心；燃燒＝燃素＋物質（木材），因為此種理論無法解釋物體在燃燒後重量增加的現象，燃素理論遂被放棄；萊布尼茲（Gottfried Leibniz）證明牛頓（Isaac Newton）絕對位置與絕對運動概念沒有作用，為愛因斯坦的相對論奠定基礎。既然過去人們曾經拋棄那麼多理論或者孔恩所說的典範，又怎麼知道今天所堅持的，不就是亞里斯多德過去所堅持的「物理學」呢？這當然不是表示人們要對於所有事物都要懷疑，而是要充分理解目前所堅持的，實際有非常大的局限性。

人類理性與神性不可偏廢

　　哥白尼1473年生於波蘭，10歲時父母
親不幸相繼因病去世，哥白尼家中四個孩
子由當牧師的舅舅魯卡斯收養，他對哥白
尼的教育非常關心；在那個時代，年輕人
通常只有兩條路可以走：一條是從軍，一
條是當教士。哥白尼受到舅舅的影響，選
擇傳教做他的終身職業。哥白尼18歲時，
就被送到教會辦的科瑞克大學念書，他在
該所大學優秀老師的薰陶下，學習哲學、
數學、天文學、地理學；更學會了用懷疑
主義的精神去探索未知的學問，進而用實
證的精神挑戰傳統權威。1489年哥白尼的
舅舅當上了主教，他運用影響力幫哥白尼
在義大利當上神父，並為他申請到一筆助
學金讓他繼續深造，因此哥白尼可以在24
歲時的1496年轉入義大利的波隆那大學就

讀，為了閱讀古代天文學家的著作，他去
學習了希臘文，為了翻譯阿拉伯數學，他
還學習了阿拉伯文。

　　1512年哥白尼的舅舅去世，新的主教
接任之後，哥白尼被任命管理一個在波蘭
福龍堡山丘上的一座小教堂，以後數年哥
白尼就住在這個教堂的一個閣樓上。這個
閣樓是哥白尼的臥室，也是他的天文臺，
以自己製作的日晷、三角儀等來觀測星
象。從1512到1529年，哥白尼在這裡進
行了大量的天文觀察，並累積關於行星運
行、日月蝕等大批的資料，根據這些資料
他可以完全確信「托勒密的地心說」是錯
誤的，並且在1530年完成天體運行論的
初稿。哥白尼鑑於教會勢力龐大，貿然出
版，只會徒然犧牲自己的生命，於是他將
初稿藏於書房裡，一直沒有公諸於世，只
是將自己的見解，透過天文同好和其他的

科學家傳播出去，所以越來越多的科學家知道哥白尼的理論。一直到1539年，有位任教於威丁堡大學（Wittenberg）的數學教授雷帝克斯（Georg Joachim Rhaeticus），他閱讀哥白尼的短文後深受感動，親自到哥白尼住處拜訪，並以2年的時間整理出埋沒多年的稿子，改正其中的計算錯誤；並在1540年發行一本摘要來介紹哥白尼的學說，這本摘要並沒有引起教會太大的反彈，於是哥白尼才決定將天體運行論出版。

根據科學人雜誌資料顯示，哥白尼雖然出版了他的革命性學說，讓當時許多科學家閱讀、讚賞和註解這本書，並引用改進自己的天文預測，但是即使經過57年，到了1600年，仍然只有10多位認真的天文學家放棄地球靜止不動的普遍想法，大多數科學家仍然偏好比較符合常識

的地心說（geocentrism）。科學人雜誌也指出，這個天文學僵局，直到伽利略（Galileo）於1609年製作望遠鏡觀察恆星、月球和行星之後，才被打破。伽利略是位虔誠的天主教徒，伽利略雖然在年少時曾經嚴肅地考慮過是否要去當傳教士，但他父親堅持他去比薩大學學醫，就在學醫過程中，無異間發現了自己對於數學及自然哲學的高度興趣，在父親勉強同意下，有機會成為個中佼佼者，並博得「現代觀測天文學之父」、「現代物理學之父」及「現代科學之父」的美名。一位是傳教士，另一位曾經嚴肅考慮要當傳教士，最後都在天文學、物理學界作出了不朽的貢獻，豈非印證了「人心籌算自己的道路；惟耶和華指引他的腳步」嗎？

在科學矛盾中找到真理

　　除了新舊理論交互取代之外，人們也發現同樣的自然現象，卻出現前後矛盾的科學解釋。以喝咖啡是否有助於提神為例，坊間媒體報導，哈佛大學最新研究指出，咖啡中的咖啡因能夠干擾中樞神經係統中的鎮定物質發揮作用，所以喝咖啡讓人清醒、興奮；香港醫院藥劑師學會副會長崔俊明對此表示認同，咖啡是種見效很快的提神物質，研究發現，一般飲用1至1.5小時後即可見效；此外，一項登載在美國《應用社會心理學雜志》上的新研究表明，咖啡的提神效果對女性更明顯。有那麼多證據顯示，照理說人們應該就可以接受喝咖啡會提神的結論，可是偏偏有那麼一群科學家不服輸，要提出相反的意見。

東倫敦大學找了88名18歲到47歲，
一天要喝兩杯以上咖啡的人做實驗，把他
們分成兩組，一組告訴他們喝的是無咖啡
因咖啡，實際上他們喝的卻是一般咖啡；
另一組則相反。喝完一杯咖啡後讓他們
接受測試，測驗他們的注意力、反應時間
和心情等等；結果顯示，自以為喝下咖啡
因的那一組，注意力和反應都比較好；研
究人員據以作出結論，認為咖啡本身無法
提升注意力，反倒是自以為喝了咖啡的
人，心理上有了依靠，注意力就比較集中
了。另外一項針對379人的研究顯示，經
常性飲用咖啡者比不喝咖啡的人，需要
更多的咖啡因刺激以達到相同程度的精
神振奮，主持了該次研究的布裏斯托大
學（University of Bristol）實驗心理學教
授彼得・羅傑斯（Peter Rogers）表示：
「我們並沒有因食用咖啡而受益，儘管人

們感覺自己似乎更加精神了，但這不過是咖啡因使我們回復到正常狀態而已。」都是科學家的結論，也都經過了科學實驗，卻得出相反的結果，或起碼是相異的結果，人們到底要相信那一派？更遑論生活周遭還不斷出現類似的案例，一下子吃某種食物會致癌，過幾天又有科學報告說沒事，更說明人們依靠「人算」的勝算實在有限。

回到關乎地球未來的全球暖化議題，導演戴維斯古根漢（Philip Davis Guggenheim）2006年執導的紀錄片「不願面對的真相」（An inconvenience truth），記錄一個人以無比的熱誠、深具啟發性的談話，以及堅定不移的決心，大膽戳破關於全球暖化的迷思和誤解，並激勵每個人採取行動阻止情況惡化。這個人就是美國前任副總統高爾（Al

Gore），他在該紀錄片中表示：我們坐在一枚定時炸彈上面，如果全世界大多數的科學家是正確的，人類只有10年的時間避免一場大災難；災難足以讓地球的氣候系統一片大亂，造成嚴重的氣候遽變，包括極端的氣候變化、水災、旱災、流行性傳染病大量散播以及致命熱浪，災情之嚴重是我們從來沒有經歷過的，而且完全是我們自己造成的。2009年10月17日，印度洋島國馬爾地夫首次在水下約6米召開內閣會議，由總統納希德親自主持，十四名內閣部長參加。會議的目的是引起國際社會關注，提醒人們全球氣候變暖對島國造成的影響。看似地球暖化問題已迫在眉睫，不得不處理。

由知名主持人陳文茜與廣告人孫大偉共同監製的「正負2度C」，自2009年莫拉克風災後籌款拍攝，歷經5個月時間完

成；這是台灣首部敘述地球暖化、氣候變遷的紀錄片，讓一般的民瞭解台灣氣候的真相，並傳達「台灣必須自救」的訊息。紀錄片提到：全球平均氣溫上升1度，台灣雨量將增加1倍；全球海平面上升6公尺，台灣嘉義東石、屏東林邊以及雲林麥寮都將沉入海底；水庫不但無法負荷極端的雨量，類似莫拉克的強烈颱風，未來不只一個；大氣中的二氧化碳濃度，已從1800年工業革命280ppm，升到2011年的 390 ppm（百萬分之一），地球的溫度也上升了0.72度。對於地球在暖化，但不一定一年比一年熱，而是較長時間的紀錄，紀錄片解釋到：地球在暖化，將2000年代與1990年代及1980年代比較，會發現每個10年比上一個10年更溫暖，冰的覆蓋面積、植被、雲層，以及大氣層中的沙塵，讓某些地方變熱，某些地方更冷。國內外都有同

樣的警告，一時之間彷彿再不採取行動，就會後悔莫及，好來塢電影「明天過後」的場景將會真實在地球每個角落上演。

2007年英國電視第4頻道（Channel 4）播出了自製的紀錄片「全球暖化大騙局」，片中邀請許多專家學者背書，提出暖化現象是因為太陽黑子活動及地球接收到的輻射線強弱變化所造成的。紀錄片認為人為活動造成全球暖化的說法是：為推動核能及反媒、反石油的政治考量；新馬克思主義利用環保議題反對資本主義也趕上了這波浪潮，公開批判工業化造成的二氧化碳促成暖化效應；科學家及記者為了爭取經費成了推波助瀾的幫兇。實際上紀錄片指出，地球氣候是一個動態系統，已運作40幾億年，在沒有人類年代，冷暖氣候不斷交替，變化幅度甚至更大。2012年「日內瓦全球科學家聯盟」主席安

東尼奧·齊基基（Antonio Zichichi）與15名科學家共同在「華爾街日報」發表聲明，認為「美國物理學會」（American Physical Society）等單位誇大暖化程度，地球已有十多年沒有變暖趨勢，把暖化原因歸咎於二氧化碳是錯誤的。

偏偏主張要對付全球暖化最力的高爾，他的住宅2006年使用221,000度電，是一般美國家庭10,656度電的20倍；平均每月用電，從2005年的16,200度，升至2006年的18,400度。另外在能源費用方面，高爾平均每月電費為1,359美元；2006年的天然氣費用，平均每月為1,080美元。2006年，高爾花在支付電費與天然氣，總計約為3萬美元。難怪媒體會用「高爾個人的能源使用是他自己不願面對的真相」（Al Gore's Personal Energy Use Is His Own "Inconvenient Truth"）

作為報導主題。這就令人難以相信，高爾所說的二氧化碳造成暖化是真的。支持與反對二氧化碳是造成地球暖化的主因，都是頂尖的科學家，也都提出看似具有說服力的證據，試問他們彼此都無法達成共識，一般普羅大眾要如何分辨？若不靠神，還有什麼更好的辦法嗎？

以上各項例證，都在凸顯一個事實，就是人類的籌算是有其極限，若是沒有神的引導，終究無法走出一再循環的胡同中。要成為一個好管理者，特別要瞭解人類思維的侷限性，若是認為自己有足夠的智慧可以靠不當的算計來維持公司的營運，終究要落空。美國的恩隆公司，台灣的力霸集團，甚至許多家政府開放設立私營銀時所成立的銀行，現在又在那裡呢？更不說日前才剛被行政院金管會接管的國寶人壽、幸福人壽，當初公司成立時，難

道就是為了被接管嗎？當然不是，只是為何最後面臨此種命運呢？實際上當全美第四大投資銀行雷曼兄弟宣布破產倒閉時，震驚全世界的經理人，連這麼大的銀行都撐不下去，還有什麼不會發生呢？更遑論前三大若不是美國政府紓困，結局恐也不樂觀，人們還要繼續對本身的算計深信不移嗎？

開啟新生命的途徑

　　本書主要是從五個面向，來分析探討人一生可能面臨最重要的五件大事。首先，當人們在還在學生時代，或者學校畢業後投入職場，最關切的問題就是如何提昇自己的競爭力。其次，在進入職場後，就要理順生活與工作的優先順位，以免在工作中迷失了自己進而造成遺憾。再次，工作穩定後進入婚姻，則需要花時間來經營家庭生活，並且注意溝通的技巧，以免因為溝通不良，使原本的優點變缺點。復次，至於想要有良好的人際關係，則必須掌握捨己的精神，相信不會有人想要與自私自利的人做長久的朋友。最後，則是要

想要成為管理人中的佼佼者，人算之餘更要有天算。以下即為掌握人生五部曲的大要。

善用恩賜在競爭中脫穎而出

要提昇自己的競爭力，不是拿自己的弱項與其他人的強項比，如此不但會增加自己的挫折感，甚至會開始懷疑自己存在的價值。不管你相不相信，根據聖經的說法，每個人都是按著神的形象所造。既然如此，這就代表每個人來到這個世界上都有特殊的任務要完成。人們愈早瞭解自己的使命，就會愈早明白上帝所給的恩賜或者特殊的才能，是希望人們能夠藉此造福人群，讓更多的人能夠體會神的旨意是何等的美好，進而重新與祂建立親密的關係。明白乎此，人們就不會在增進競爭力時找不到方向。

當每個人都找到他本身的恩賜，進而能夠有所發揮時，就會發現本身具備與他人不同的獨特性，有了這個唯一的獨特性，就不需要去爭第一名來肯定自己的價值，畢竟每個領域的第一名只有一位，若是大家都要去爭第一名，也意味有絕大多數人每天都要活在挫敗當中。至於那位第一名，真的就高枕無憂了嗎？恐怕也未必，他也必須每天過得戰戰兢兢，以免被超越，如此的人生真的是人們想要的嗎？如果那天要離開這個世界的時候，再回過頭來看，會不會覺得這一生過得很沒意義，人們究竟要在告別式上讓親友懷念什麼呢？究竟是第一名，還是他個人的獨特性讓人懷念呢？畢竟第一名是很容易被取代的，個人如此，公司企業又何嘗不是如此呢？但是獨特性卻可永存在人們的心中，人們要如何選擇，還不清楚嗎？

不讓工作成為幸福的絆腳石

當我們進入職場之後，總是希望能夠經過幾年的努力，不僅自己的專業能力能有所增長，職位也可以因此水漲船高。專業能力與職位的升高，代表所得增加，也會讓人們的物質生活得以提昇，也意味著某種成就感的實現。有許多名人在坐擁名利之後，可說已經完成了自我實現的需求，理應從此過著幸福快樂的日子，然而他們的人生劇本似乎不是這麼寫的，古今中外的例子多到不勝枚舉。這就說明自我實現之後，若沒有找到新的方向，反而會產生新的迷失，不知道人生下一步要怎麼走？不是只有麥克傑克森如此，世界有許多短期內快速成名的運動員或演藝人員，在功成名就，也可以說是完成自我實現之後，就開始吸毒或放浪形骸。有些痛改前

非重新回到工作舞台，更多的從此一蹶不振，人們又豈能不對此有所警惕！「你若聽從耶和華——你神的誡命，就是我今日所吩咐你的，謹守遵行，不偏左右，也不隨從事奉別神，耶和華就必使你作首不作尾，但居上不居下。」已經為人們在職場上立下標竿，只要遵行即可「作首不作尾，但居上不居下」，不照做豈非可惜！

人們努力工作的目的為何呢？難道不是為了讓家庭可以更加幸福嗎？然而許多人都忘記了，以為豐富的物質條件就是家庭幸福的根本，可是事實真是如此嗎？就以小孩子為例，有人陪他玩比吃好、穿好、住好，更會讓他感到幸福，父母親如果為了讓孩子能夠吃好、穿好、住好，以致於把大部分的時間都花在工作上，連陪孩子的時間玩樂的都沒有，如此豈不與當初想要讓孩子幸福的初衷相違背！不論是

把孩子丟給保姆或者長輩來照顧，都是種本末倒置的作為，然而人們卻愈來愈傾向如此做。尤其是有不少結了婚了男士，以為將工作的薪資所得如數交給妻子，就會讓妻子感到愛，感到幸福，殊不知妻子有時更需要的是陪伴。若沒有對的人在身邊，試問天天吃美食、開好車、住豪宅的意義在那裡呢？因此降低工作的位階，將花時間與家人相處的位階提高，相信會讓生活過得更幸福，生命也更加有意義，千萬不要忘記「真正的成功是家庭幸福」。

全力以赴打造幸福家庭

幸福家庭不會從天上掉下來，也不會因為男女組成家庭後就自動來到，而是需要花時間經營。換言之，在經營婚姻上花愈多時間學習，就愈能掌握住幸福家庭的密碼。「耶和華神就用那人身上所取

的肋骨、造成一個女人、領他到那人跟前。」既然女人是男人的肋骨做的，意味著不論雙方分隔有多遠，有一天肋骨都會回到身體裡面，所以「一見鍾情」就不是神話，而是在很早以前就已經注定了。肋骨固然有保護器官免於受傷的作用，但是肋骨本身若是開始作怪，所產生疼痛的程度，可能會超過男人的想像，男人又豈能不好好對待自己的肋骨呢？或許有人會覺得肋骨若疼痛，動手術把它移除不就好了，反正少一根骨也死不了，或另找一根肋骨代替也行，現代社會之所以離婚率那麼高，不就是因為男女雙方都認為反正下一個會更好？根據美國人口統計局2006年統計資料顯示，百分之六十第二段婚姻最終會離婚，第三段婚姻離婚的比率更高達百分之七十三。儘管台灣社會對於離婚男人的接受度比離婚女人高，但這不

代表男人可以不用全力以赴來好好對待自己的肋骨，畢竟這是維持婚姻幸福的關鍵因素。

　　人與人相處，最困難之處就在於溝通，夫妻之間尤其如此，畢竟成長背景、生活習慣、教育程度，甚至宗教信仰，都會對雙方的溝通造成影響。夫妻最後會走向離婚一途，大部分的原因都是因為溝通出現問題。不過，人們經常將分手的原因歸咎於個性不合，因為那是一個非常方便的理由。這就是溝通的問題，溝通不良的結果，往往就會讓小事變成大事，進而讓雙方誤以為原來彼此的個性、想法差異如此之大，根本不適合再一起；以為可以天荒地老、海枯石爛在一起，那不過是一種錯覺，此時「因誤會而結合、瞭解而分開」就在腦海中響起，彷彿那就是不可改變的宿命。原本是個性上存在重大差異，

而且雙方父母的十五次婚姻，使他們婚姻的成功率趨近於零，適配性測驗是兩條平行線、完全不適合彼此的兩個人，在陰錯陽差未得知彼此不適配的結果下結婚，透過不斷的溝通與學習，仍然創造美好無比的婚姻關係，值得願意付出的人學習。為了要準確掌握「快快地聽、慢慢地說」的原則，「複述溝通」勢不可免。此種溝通的好處，就是不會錯聽對方的話，或者是只聽到自己想聽的，再加上為了複述對方講過的話，也會非常專心與耐心地聽對方把話講完。複述溝通有時會讓人覺得有些不切實際，甚至有些笨拙。不過，為了維持好的溝通品質，偶而針對重大或具爭議性議題，用笨方法來溝通恐怕是不得不的作為。

得勝的人際關係源於捨己

　　人是群居的動物，擁有良好的人際關係，不僅使人們可以感覺不孤單，更可以在職場上成為自己的幫助。在這個世界上，大概沒有人不希望被肯定與讚美的，若是在職場中適時地對於同事的長處或傑出工作表現予以肯定與讚美，對於增進與同事的人際關係定能有所助益。當然所有的肯定與讚美，一定要發自內心，若非出於真心誠意，對方也感覺得出來，如此不但不能達到肯定與讚美的效果，反而有可能被對方視為嫉妒或反諷，讓雙方的關係更為惡劣，不可不慎！實際上真心肯定與讚美也不難，因為每個人在職場上的表現都有優點與缺點，若是看別人比自己強，就會放大對方的優點而忽略缺點，反之若看自己比別人強，就會放大對

方的缺點而忽略優點，所以關鍵仍在於我
們如何選擇看別人的角度。一旦眾人都看
別人比自己強，每個人的潛能就能因此更
多地被激發出來，因為自信心提昇後，也
就更有能力突破現狀。如此不僅對於個人
之間的人際關係互動，甚至是有助於提升
組織整體的工作表現，又怎麼能不立即著
手進行呢？

　　有道是「人不為己、天誅地滅」，
意味著人都是自私的，凡事都是先想到自
己。從小子孩子搶玩具而不願分享；為了
滿足自己的目的，不用教就會說謊等特點
看來，就明白自私是早就存在人們基因中
的成分。有不少人小時候都讀過一段故
事，就是華盛頓小時候勇於向父親承認砍
倒櫻桃樹，而不是以說謊來脫罪，不過這
個故事最後被證明是虛構的。更說明能夠
不以私利而說謊，是件多麼不容易的事。

或許人們會以為平時顧自己的事都來不及了，那有時間顧別人的事。「只求他人的益處而不求自己的益處」，則更猶如天方夜譚般的不可能。不過聖經為何要教導人們如此做，如果做不到，又為何要建議如此做？難道這位神是專門在為難人的嗎？斷乎不是，而是幫助人們明白，這就是人們存在的目的，有句經文不是說「施比受更有福」嗎？或許人們會有種錯覺，認為一定要在精神與物質上都十分的充裕，才能開始「不求自己的益處，只求眾人的益處」。然而聖經故事告訴我們，只要人們願意，即使能力有限也可以做得到。試想有誰不想與看別人比自己強、只求眾人的益處的人士為伍呢？因為跟這樣的人在一起不用提防他是否會對你冷嘲熱諷，不用擔心在他面前說了什麼，他回過頭在你背後捅你一刀，如果你是這樣可以值得被信

賴的，人際關係還會差嗎？有些事現在不做，明天就會後悔，從今天就開始看別人比自己強，不求自己的益處、求眾人的益處吧！

在管理中平衡人算與天算

對於學科學的人而言，終其一生的志業，就是在解構神學或信仰加諸在人類的思想與行為的限制，又怎麼會同意「敬畏耶和華是智慧的開端，認識至聖者便是聰明」呢？因為智慧與聰明是不斷在實驗及實踐的過程中，增加對內外在世界的認知所累積而來的，所以要瞭解所處的這個世界，是要靠人類理性不斷地思辨而不是靠神的啟示。只是科學的知識較多的只能解答因果關係的問題，舉最近最夯的議題全球氣候暖化或極端化為例，科學家就開始探討到底是什麼原因，導致這個看似會

對地球造成毀滅性影響的現象正在形成？科學難以解答的是關於意義的問題，諸如人來到這個世界的目的是什麼？有特定的使命要完成嗎？生命的價值是什麼？什麼是幸福？不論是否讀過聖經，但多多少都聽過所羅門王「智斷生母」的故事。當所羅門王如此斷案的以後，「以色列眾人聽見王這樣判斷，就都敬畏他，因為見他心裡有神的智慧，能以斷案。」如果你是一位公司的主管，你的部屬看到你的智慧表現都覺得信服，你要成為一位傑出的管理人，還會難嗎？所門羅王的福份相信沒有人不要的，既然如此，人們又豈能不敬畏神呢？一旦敬畏神，神就會賜下智慧讓人們可以成為好的管理人，又怎麼能不立即有所行動呢？

經濟學被視為是社會科學中最理性的學科，所以諾貝爾設立唯一屬於社會科

學範疇的獎項就是經濟學獎。儘管有位諾貝爾經濟學獎得主海耶克，認為經濟學牽涉到許多人的變數所以不適合設獎，不過經濟學在預測及解釋經濟現象的權威性，已經被公認與肯定。只是這麼一門具有理性色彩的社會科學，為何無法預知全球金融海嘯已經侵門踏戶了呢？社會科學中的經濟學，看起來不那麼理性，事前既無力預知，事後也束手無策，自然科學因此有比較好嗎？2011年獲得諾貝爾化學獎以色列科學家謝茲曼的故事，就告訴人們自然科學家也沒有高明到那裡去，否則謝茲曼1982年在美國華府的實驗室首次觀察到，準晶有如「引人注意的原子拼花圖案」，其排列型態極有秩序且對稱而絕不重覆，就不會被多數科學家否定，甚至嘲笑。專業化的發展，限制科學家的視野，使科學研究僵化。用這樣的觀點來解釋為何2011

年諾貝爾化學獎得主謝茲曼的同事們，會對他的研究新發現嗤之以鼻，也就不難理解了。由此可見，自然科學家也沒有比社會科學家高明到那裡去，也會受到過去經驗或理論的影響，對於自然界的新現象，反而不能以一種客觀的態度看待，能說這不是受到人算的影響嗎？既然人算那麼不可靠，要靠什麼呢？不靠神算，還有什麼其他選擇嗎？科學史的發展，以及二氧化碳是否為導致全球暖化主因，出現兩派科學家各擁其主等的諸多例證，都在凸顯一個事實，就是人類的籌算是有其極限，若是沒有神的引導，終究無法走出一再循環的胡同中。要成為一個好管理者，特別要瞭解人類思維的侷限性，若是認為自己有足夠的智慧可以靠不當的算計來維持公司的營運，終究要落空。當全美第四大投資銀行雷曼兄弟宣布破產倒閉，前三大若不

是美國政府紓困，結局恐也不樂觀時，還有什麼不會發生呢？作為專業經理人，還要繼續對本身的算計深信不移嗎？

　　每個人無不希望能夠找到生命的意義，更希望生活得有尊嚴與價值，但是若是用錯方法，再多的努力，如果有「事倍功半」的效果，已屬慶幸，更多的時候是徒勞無功。若人們想要擁有有別於以往的人生體驗，本書所提供的一些方法，或許可以嘗試一下，今天就展開行動破繭而出吧！

新銳生活14　PE0075

新銳文創
INDEPENDENT & UNIQUE

破繭而出
——開啟新生命的五個途徑

作　　者	戴東清
責任編輯	林千惠
圖文排版	周妤靜
封面設計	王嵩賀

出版策劃	新銳文創
發 行 人	宋政坤
法律顧問	毛國樑　律師
製作發行	秀威資訊科技股份有限公司
	114 台北市內湖區瑞光路76巷65號1樓
	電話：+886-2-2796-3638　傳真：+886-2-2796-1377
	服務信箱：service@showwe.com.tw
	http://www.showwe.com.tw
郵政劃撥	19563868　戶名：秀威資訊科技股份有限公司
展售門市	國家書店【松江門市】
	104 台北市中山區松江路209號1樓
	電話：+886-2-2518-0207　傳真：+886-2-2518-0778
網路訂購	秀威網路書店：http://www.bodbooks.com.tw
	國家網路書店：http://www.govbooks.com.tw

出版日期	2014年12月　BOD一版
定　　價	200元

國家圖書館出版品預行編目

破繭而出：開啟新生命的五個途徑 / 戴東清著. -- 初版. --
臺北市：新銳文創, 2014.12
　面；　公分
　ISBN 978-986-5716-37-0 (平裝)

　1. 人生哲學　2. 生活指導

191.9   103022730

讀者回函卡

感謝您購買本書，為提升服務品質，請填妥以下資料，將讀者回函卡直接寄回或傳真本公司，收到您的寶貴意見後，我們會收藏記錄及檢討，謝謝！如您需要了解本公司最新出版書目、購書優惠或企劃活動，歡迎您上網查詢或下載相關資料：http:// www.showwe.com.tw

您購買的書名：＿＿＿＿＿＿＿＿＿＿＿＿＿＿＿＿＿＿＿＿＿

出生日期：＿＿＿＿＿年＿＿＿＿＿月＿＿＿＿＿日

學歷：□高中 (含) 以下　　□大專　　□研究所 (含) 以上

職業：□製造業　□金融業　□資訊業　□軍警　□傳播業　□自由業
　　　□服務業　□公務員　□教職　　□學生　□家管　　□其它＿＿＿

購書地點：□網路書店　□實體書店　□書展　□郵購　□贈閱　□其他

您從何得知本書的消息？

　　□網路書店　□實體書店　□網路搜尋　□電子報　□書訊　□雜誌
　　□傳播媒體　□親友推薦　□網站推薦　□部落格　□其他＿＿＿＿＿

您對本書的評價：（請填代號　1.非常滿意　2.滿意　3.尚可　4.再改進）

　　封面設計＿＿＿　版面編排＿＿＿　內容＿＿＿　文／譯筆＿＿＿　價格＿＿＿

讀完書後您覺得：

　　□很有收穫　□有收穫　□收穫不多　□沒收穫

對我們的建議：＿＿＿＿＿＿＿＿＿＿＿＿＿＿＿＿＿＿＿＿＿

＿＿＿＿＿＿＿＿＿＿＿＿＿＿＿＿＿＿＿＿＿＿＿＿＿＿＿＿＿＿

＿＿＿＿＿＿＿＿＿＿＿＿＿＿＿＿＿＿＿＿＿＿＿＿＿＿＿＿＿＿

＿＿＿＿＿＿＿＿＿＿＿＿＿＿＿＿＿＿＿＿＿＿＿＿＿＿＿＿＿＿

11466
台北市內湖區瑞光路 76 巷 65 號 1 樓

秀威資訊科技股份有限公司　　　收

BOD 數位出版事業部

⋯⋯⋯⋯⋯⋯⋯⋯⋯⋯⋯⋯⋯⋯⋯⋯⋯⋯⋯⋯⋯⋯⋯⋯

（請沿線對折寄回，謝謝！）

姓　　名：＿＿＿＿＿＿＿＿＿　年齡：＿＿＿＿　性別：□女　□男

郵遞區號：□□□□□

地　　址：＿＿＿＿＿＿＿＿＿＿＿＿＿＿＿＿＿＿＿＿＿

聯絡電話：(日)＿＿＿＿＿＿＿＿＿　(夜)＿＿＿＿＿＿＿＿＿

E-mail：＿＿＿＿＿＿＿＿＿＿＿＿＿＿＿＿＿＿＿＿＿